# Una Guía de Referencia Esencial para sus Preguntas Legales Cotidianas

Brien A. Roche

SPHINX® PUBLISHING
AN IMPRINT OF SOURCEBOOKS, INC.®
NAPERVILLE, ILLINOIS
www.SphinxLegal.com

Publicado por: **Sphinx® Publishing, Impresión de Sourcebooks, Inc.®**

Naperville Office
P.O. Box 4410
Naperville, Illinois  60567-4410
630-961-3900
Fax: 630-961-2168
www.sourcebooks.com
www.SphinxLegal.com

Esta publicación está destinada a proporcionarle información correcta y autorizada respecto a los asuntos cubiertos. Se vende entendiéndose que la editorial no se compromete a suministrar servicios legales o contables, ni ningún otro tipo de servicios profesionales. Si se requiere asesoramiento legal u otro tipo de consulta profesional, se deberán contratar los servicios de un profesional competente.

*De una Declaración de Principios aprobada conjuntamente por un Comité de la Asociación Americana de Colegios de Abogados y un Comité de Editoriales y Asociaciones*

**Este libro no reemplaza la ayuda legal.**
*Advertencia requerida por las leyes de Texas.*

ISBN-13: 978-1-57248-566-2

Printed and bound in the United States of America.

# Dedicatoria

Dedico este libro a mi maravillosa esposa, Toni.

# Agradecimientos

Sería negligente de mi parte si no reconociera las contribuciones realizadas a este libro por muchas personas. Mi ayudante, Pam Greenleaf, revisó este libro en detalle varias veces y proporcionó datos inestimables. Mi ex secretaria, Kim Wilburn, realizó muchos borradores de este libro y, gracias a su esfuerzo, pude desarrollar y finalizar el proceso. Mi colega, Eric Kessel, revisó el libro y aportó mucha información jurídica, al igual que mi socio, Bob Johnson. Mi secretaria, Jovita Reynolds, escribió a máquina el borrador final. Sin duda, no habría podido acabar el libro sin su colaboración.

# Índice

## Sección Segunda: *El sistema judicial*

# Prólogo

Como las leyes en este país se vuelven cada vez más complejas, la gente suele preguntarse: *"¿Qué es exactamente la ley?"*. Este libro aborda el significado de decir: *"Es la ley"*. Entender cómo se constituye y aplica cada tipo de derecho ayudará a definir esa afirmación. El derecho se divide en: derecho constitucional, derecho legislado, jurisprudencia, derecho administrativo y derecho consuetudinario. Este libro sirve para determinar qué es la ley y cómo puede afectar nuestra vida cotidiana.

El derecho surge de distintas fuentes. A saber:

◆ la Constitución de los Estados Unidos y las constituciones estatales;

◆ leyes u ordenanzas sancionadas a nivel local, estatal o federal;

◆ normas y reglamentos administrativos promulgados por entidades administrativas; y

◆ jurisprudencia publicada por tribunales estatales o federales (derecho consuetudinario).

El derecho puede tomar cualquiera de estas formas. Entender el alcance de cada forma ayuda a entender cuándo es vinculante en esas formas en una situación determinada. Este libro contiene una explicación de cada tipo diferente de derecho y cómo influye en nuestra vida.

El alcance de este libro es limitado. No hay manera de que un libro de este tamaño pueda resumir extensivamente la ley federal y las leyes de cincuenta estados.

La ley federal es uniforme en todo el territorio de los Estados Unidos. Sin embargo, las leyes pueden variar en gran medida de un estado a otro. Mi ejercicio del derecho se circunscribe a los estados de Virginia, Maryland y el Distrito de Columbia. Muchos ejemplos que he dado en este libro se relacionan con principios jurídicos que se desprenden específicamente de esas jurisdicciones. Si usted tiene un problema legal específico, debería consultar con un abogado de su jurisdicción para que lo asesore sobre ese tema jurídico particular.

# Sección Primera

---

*El origen de las leyes en los Estados Unidos*

# Capítulo uno

# Derecho constitucional

La constitución que la mayoría de nosotros conocemos es la Constitución de Estados Unidos. Además de la Constitución de Estados Unidos, los cincuenta estados poseen su propia constitución. En cierta medida, éstas se basan en la Constitución de Estados Unidos—pero pueden diferir de aquella. Las constituciones estatales pueden conferir a los habitantes del estado al que pertenecen mayores derechos que aquellos conferidos por la Constitución de Estados Unidos, pero no pueden restringir los derechos que dicha constitución les confiere. En lo que a esto respecta, la Constitución de Estados Unidos tiene supremacía y, lo que es más importante aún, establece las pautas mínimas que deben cumplir todos los funcionarios del gobierno que atienden al público en general.

La Constitución de Estados Unidos se divide en siete artículos y veintisiete enmiendas. La Constitución comienza con la frase—

*Nosotros, el pueblo de los Estados Unidos, a fin de formar una unión más perfecta, establecer justicia, asegurar la tranquilidad interior, proveer la defensa común, promover el bien común y asegurar para nosotros mismos y para nuestros descendientes los beneficios de la libertad, promulgamos y sancionamos esta constitución para los Estados Unidos de América.*

## La Constitución de Estados Unidos es un pacto

La Constitución de Estados Unidos es un *pacto* o un acuerdo del pueblo de esta tierra. Establece determinados derechos básicos que no le pueden ser privados a la gente y define las facultades de las autoridades gubernamentales. La Constitución de Estados Unidos es sin dudas la base de todo nuestro sistema legal. Algunos dirán que los derechos de los que gozamos en este país son derechos naturales, y que la Constitución no hace más que aclarar cuáles son esos derechos y limitar la facultad del gobierno para infringirlos. Otros dicen que la Constitución es la verdadera fuente de los derechos. Aunque es posible que ese argumento teórico sea de poca importancia para el lector, lo que es importante recordar acerca de la Constitución es que sí establece la composición esencial de nuestro gobierno y cómo éste puede interactuar con nosotros como ciudadanos.

Haga un examen rápido de sus conocimientos sobre derecho constitucional. Suponga que su vecino entra en su domicilio para buscar algo que piensa que usted pudo haberle robado. Su vecino lleva a cabo una intensa y, obviamente, irracional búsqueda en su propiedad sin contar con una orden judicial competente. ¿Dicho acto comprende una violación *constitucional*?

Esperemos que su respuesta a la pregunta anterior haya sido "no". La Constitución es un pacto entre el *gobierno* y el *pueblo*. Las violaciones a los derechos constitucionales sólo pueden ser perpetradas por el gobierno o sus representantes. Por lo cual, si un ciudadano viola un derecho de otro ciudadano, esto no representa una violación constitucional ni a nivel federal ni a nivel estatal. Su vecino *ha* violado la ley estatal, y puede ser penado por tal violación. Además, puede ser demandado civilmente por usurpar y dañar su propiedad.

**Es la ley**
*Las violaciones a los derechos constitucionales sólo pueden ser perpetradas por el gobierno o sus funcionarios.*

El punto más importante a tener en cuenta con respecto a la Constitución de Estados Unidos es que ésta es el marco o cimiento base sobre el que se apoyan nuestros poderes legislativo, judicial y ejecutivo. Determina algunos de los derechos básicos de la gente y que ninguna autoridad del gobierno puede quitarle. Fue el deseo de los creadores de la Constitución de Estados Unidos definir la autoridad del gobierno y luego otorgar a la gente todos los derechos que no se concedieron específicamente al gobierno.

## Los artículos de la Constitución

El Artículo Primero de la Constitución de Estados Unidos establece los poderes del Congreso de los Estados Unidos. Norma que habrá una Cámara de Diputados y un Senado, y determina cómo sus miembros han de ser elegidos y remunerados. También establece los poderes y las limitaciones generales a los que están sujetos dichos órganos legislativos.

El Artículo Segundo de la Constitución de Estados Unidos estipula que el poder ejecutivo del gobierno será concedido al Presidente. Luego define el alcance del poder ejecutivo, el proceso de elección del presidente y los requisitos necesarios para que éste sea considerado idóneo para el cargo.

El Artículo Tercero de la Constitución de Estados Unidos establece que el poder judicial de los Estados Unidos será conferido a la Corte Suprema y a los tribunales inferiores que determine el Congreso.

El modelo creado en los primeros tres artículos de la Constitución es un sistema de *división de poderes*. Se le otorga igual jerarquía a cada poder del gobierno, y cada uno de ellos posee, de una forma u otra, la capacidad para controlar y equilibrar a los otros. A modo de ejemplo, el poder legislativo posee la autoridad para promulgar leyes. Estas leyes son luego enviadas al presidente, quien, como jefe del poder ejecutivo, puede vetarlas. El poder legislativo puede luego anular el veto. Si la ley es sancionada (efectivamente se convierte en ley), puede ser luego revisada por el poder judicial con el objetivo de determinar si ésta es constitucional y de interpretar la ley. Si el poder legislativo por cualquier motivo se encontrase en desacuerdo con la interpretación adjudicada a la ley por el poder judicial, puede enmendarla para declarar, en forma expresa, cómo se la debe interpretar.

El Artículo Cuarto de la Constitución de Estados Unidos define el concepto denominado *Plena fe y crédito,* que significa que en cada estado del territorio se le dará plena fe y crédito a los actos públicos, registros y procedimientos judiciales de los otros estados de la Nación. Más adelante, este Artículo define la frase conocida como *privilegios e inmunidades,* que significa que los ciudadanos de cada estado tendrán derecho a los mismos privilegios e inmunidades que los que gozan los ciudadanos de los demás estados. La cláusula de privilegios e inmunidades impide que un estado otorgue a sus ciudadanos determinados privilegios e inmunidades que no se otorgarían a los ciudadanos de otros estados. Por ejemplo, el estado de Minnesota no podría conceder a Jesse "The Body" Ventura el derecho exclusivo a realizar encuentros de lucha libre en ese estado y no concedérselo a personas que no sean ciudadanos de Minnesota. Permitir tal cosa implicaría una violación a la cláusula de privilegios e inmunidades.

El Artículo Quinto de la Constitución de Estados Unidos hace referencia a las enmiendas de la Constitución.

El Artículo Sexto de la Constitución de Estados Unidos enuncia que esta Constitución y las leyes de los Estados Unidos creadas de acuerdo con ella constituirán la ley suprema para el territorio. Esto significa que de surgir un conflicto entre la ley federal y la ley estatal con respecto a un tema sobre el cual el gobierno federal tiene derecho a legislar, prevalecerá siempre la ley federal.

El Artículo Séptimo de la Constitución de Estados Unidos establece que se necesitará que nueve estados ratifiquen la Constitución para que ésta entre en vigencia.

# La Declaración de derechos (Bill of Rights)

Las primeras diez enmiendas de la Constitución se conocen con el nombre de *Declaración de derechos.* Contienen muchos de los derechos más importantes de los que gozan los ciudadanos estadounidenses.

La Primera Enmienda establece que el Congreso no posee autoridad para legislar "respecto del establecimiento de una religión o la prohibición del libre ejercicio de la religión". Luego establece que el Congreso no podrá restringir *la libertad de expresión o la libertad de prensa*, ni el derecho de la gente a *reunirse pacíficamente y a realizar peticiones al gobierno*.

La Segunda Enmienda trata sobre el *derecho a portar armas*, pero configura la portación de armas dentro de un contexto de una milicia debidamente ordenada.

La Tercera Enmienda establece que el gobierno no podrá, en tiempos de paz, *alojar soldados* en una casa particular sin el consentimiento del propietario. En tiempos de guerra, sólo podrá hacerlo de la forma que la ley disponga.

La Cuarta Enmienda trata sobre *allanamientos arbitrarios*. Declara expresamente que la gente estará segura en cuanto a su persona, domicilio y documentos de embargos y allanamientos arbitrarios llevados a cabo por autoridades del gobierno. También establece que las órdenes de allanamiento serán únicamente expedidas cuando exista un motivo de prueba. Esto significa que debe existir una resolución basada en prueba sustancial y verosímil de que la persona contra quien se expide la orden haya cometido un delito o de que haya evidencia de un delito en su propiedad.

La Quinta Enmienda define el concepto denominado *cosa juzgada* (double jeopardy), que implica que una persona no puede ser juzgada dos veces por el mismo delito. (Consulte el Capítulo 5 para más información.) Esta misma enmienda también enuncia el derecho contra la *autoincriminación*—según el cual una persona no podrá ser obligada a testificar contra sí misma. Esta Enmienda contiene además las bases de la *Cláusula del debido proceso*, que estipula que una persona no podrá ser privada de la vida, la libertad o de su propiedad sin el debido proceso judicial.

El debido proceso es un concepto fundamental para todo nuestro sistema jurídico. Consta de dos requisitos:

1. se debe notificar a la persona de los cargos o reclamos en su contra y
2. se debe dar a la persona la oportunidad de responder a dichos cargos o reclamos antes de privarla de la vida, libertad o propiedad.

La Sexta Enmienda contempla *el derecho a un juicio ejecutivo* y el *derecho a un juicio por jurado* en las causas penales. (Consulte el Capítulo 5 para más información). Esta Enmienda también hace referencia al *derecho de careo* en una causa penal, que significa que una persona acusada de un delito tiene derecho a:

◆ participar de un careo con los testigos que testifiquen en su contra;

◆ que se obligue a comparecer a los testigos que le favorezcan y a prestar su testimonio; y

◆ ser representado por un abogado idóneo en la defensa de los cargos penales que se le imputan.

La Séptima Enmienda contempla el derecho a un juicio por jurado para determinadas causas civiles.

La Octava Enmienda prohíbe *las fianzas excesivas* y prohíbe los castigos que se consideren *crueles e inusuales*. Esta Enmienda ha sido utilizada como argumento contra la pena de muerte y otras formas de castigo a lo largo de los años.

La Novena Enmienda establece que los derechos a los que la Constitución hace referencia no son los únicos derechos que tiene la gente. Esto significa que los habitantes conservarán cualquier otro derecho que posean.

La Décima Enmienda limita el poder del gobierno federal declarando que los poderes no delegados por la Constitución al gobierno de los Estados Unidos y no prohibidos por la Constitución a los estados quedan expresamente reservados a los estados o a la gente. Los primeros creadores de la Constitución visualizaron al gobierno de los Estados Unidos como un gobierno con *autoridad limitada*. Las facultades no concedidas al gobierno federal quedaban reservadas a los gobiernos de los diferentes estados.

## Décimocuarta enmienda

Existe otra gran cantidad de enmiendas importantes que fueron aprobadas a lo largo de los años. Tal vez la más importante de ellas sea la Décimocuarta Enmienda—una de las enmiendas de la posguerra civil ratificada en 1868. Esta enmienda contiene varias cláusulas de las cuales la más importante es la denominada *Cláusula del debido proceso,* que indica expresamente que ningún estado privará a las personas de la vida, la libertad o de su propiedad sin el debido proceso judicial.

Usted recordará que en la Quinta Enmienda hay una cláusula de debido proceso. Como ocurre con las primeras diez enmiendas, esa cláusula de debido proceso apunta a ser una restricción al poder federal, y no al poder de los estados. Esto significaba que el gobierno federal no podía privar a las personas de la vida, la libertad o de su propiedad sin un debido proceso judicial. Sin embargo, esa restricción no se aplicó a los estados hasta la creación de la Décimocuarta Enmienda. A través de la posible interpretación de la *Cláusula del debido proceso* incluida en la Décimocuarta Enmienda, la mayoría de los derechos incluidos en la Declaración de derechos apuntaban a ya no ser sólo una restricción del poder federal sino también a imponer una restricción al poder de los estados. Esto significa que los derechos incluidos en la Declaración de derechos se aplican a los ciudadanos cuando éstos se relacionan tanto con el gobierno federal como con los gobiernos locales y estatales.

La Décimocuarta Enmienda también incluye lo que se denomina *Cláusula de igualdad de protección.* Establece que la autoridad del gobierno no debe utilizarse para negar a las personas la protección igualitaria de las leyes. Con el transcurrir del tiempo, la cláusula de igualdad de protección se interpretó para prohibir que el gobierno federal negase a los ciudadanos de color la misma protección de las leyes que la que gozaban los ciudadanos de raza blanca.

## Otras enmiendas

Todas las enmiendas son importantes. A continuación se expone una breve descripción de las otras enmiendas de la Constitución de los Estados Unidos:

 ◆ La Undécima Enmienda establece que los tribunales federales no se encuentran facultados para oír causas presentadas por un ciudadano o no ciudadano, de un estado contra otro estado de la Nación. (No se debe confundir esto con *diversidad jurisdiccional.*)

◆ La Duodécima Enmienda trata sobre las funciones del colegio electoral.

◆ La Décimotercera Enmienda establece la abolición de la esclavitud.

◆ La Décimoquinta Enmienda extiende el derecho a votar a todos los ciudadanos.

◆ La Décimosexta Enmienda permite la aplicación del impuesto a las rentas o los ingresos.

◆ La Décimoséptima Enmienda trata sobre la cantidad de senadores para cada estado y el procedimiento para llenar las bancas vacantes del senado.

◆ La Décimooctava Enmienda promulga la prohibición.

◆ La Décimonovena Enmienda consagra el derecho del voto a la mujer.

◆ La Vigésima Enmienda versa sobre la sucesión de presidentes y la convocatoria del Congreso.

◆ La Vigésimo primera Enmienda deroga la prohibición.

◆ La Vigésimo segunda Enmienda impone el límite de tiempo por el cual una persona puede ejercer el cargo de Presidente.

◆ La Vigésimo tercera Enmienda faculta a los electores del Distrito de Columbia a votar para el Presidente y el Vicepresidente.

◆ La Vigésimo cuarta Enmienda establece que los ciudadanos podrán ejercer su derecho a voto sin ser restringidos por el pago de un impuesto de votación. Esta Enmienda se encuentra principalmente diseñada para impedir que los estados condicionen el derecho a voto de los ciudadanos a través de la imposición de restricciones financieras.

◆ La Vigésimo quinta Enmienda trata sobre la sucesión presidencial.

◆ La Vigésimo sexta Enmienda concede a los ciudadanos de 18 años de edad el derecho a votar.

◆ La Vigésimo séptima Enmienda prohíbe que las leyes sobre aumentos de remuneraciones de los integrantes del Congreso entren en vigencia antes de la siguiente elección de representantes.

## Constituciones estatales

Además de la Constitución de Estados Unidos, cada estado de la Nación posee su propia constitución. Las constituciones de los estados pueden variar radicalmente de un estado a otro. El punto central a recordar respecto de las constituciones estatales es que pueden conceder *derechos adicionales* a los ciudadanos del estado que regulan, pero no pueden restringir los derechos garantizados por la Constitución de Estados Unidos.

# Capítulo dos

# Derecho legislado

El *derecho legislado* se divide en tres categorías—derecho legislado federal, derecho legislado estatal y derecho legislado local. El derecho legislado federal se encuentra en el Código de los Estados Unidos. El derecho legislado estatal se encuentra en el código estatal promulgado por el cuerpo legislativo que rige el estado en cuestión. El derecho legislado local se encuentra en códigos y ordenanzas locales. Los códigos locales pueden ser códigos de condado, códigos municipales o códigos locales que son promulgados por el órgano legislativo local.

## Derecho de preferencia

Un principio general que se aplica en este esquema legislado es el principio denominado de *preferencia*. Cuando existe un conflicto sobre un tema especifico entre el derecho legislado federal y el derecho legislado estatal, por lo general el derecho federal tendrá *preferencia* o *prevalecerá* sobre el derecho estatal. El mismo principio se aplica para los conflictos entre el derecho estatal y el derecho local. El gobierno local no puede crear leyes que sean contrarias al derecho legislado estatal. La lógica detrás de este concepto radica en que debe haber una entidad que sea superior. Por ejemplo, sería absurdo si el gobierno federal crease una ley de impuesto sobre la renta y ciertos estados, más tarde, decidiesen que sus ciudadanos no se encuentran obligados a cumplir dicha ley. Uno de los temas que provocó la Guerra Civil los Estados Unidos fue el de los derechos de los estados—o sea, si éstos o el gobierno federal tendrían mayor jerarquía en relación al tema de la esclavitud.

# Códigos

El derecho legislado federal se encuentra en el Código de los Estados Unidos. El ejemplar del Código con el que la mayoría de los abogados están familiarizados es el Código Comentado de los Estados Unidos (United States Code Annotated). La palabra *comentado* significa que luego de cada artículo del código se encuentra un comentario sobre jurisprudencia que se ha aplicado o ha servido para interpretar ese artículo de la ley [código] escrita. Los comentarios con frecuencia sirven para interpretar el verdadero sentido de ese artículo de la ley [código] escrita.

La mayoría de los códigos estatales son comentados y contienen sentencias judiciales de tribunales tanto estatales como federales que interpretan los diferentes artículos del código. Los códigos locales por lo general no son comentados sencillamente, porque los gobiernos locales que publican los códigos locales no cuentan con los fondos necesarios para aquello. Además, por lo general no existe gran cantidad de jurisprudencia para interpretar los códigos locales.

Existe una versión en abreviaturas taquigráficas que se usa para las referencias al Código de los Estados Unidos. A modo de ejemplo, 28 USC §1392 es una referencia al Título 28 del Artículo 1392 del Código de los Estados Unidos. El Código comprende varios volúmenes, como un juego de enciclopedias. Los títulos se encuentran numerados secuencialmente en la cubierta exterior de cada volumen. La referencia 28 USC §1392 debería encontrarse en uno de los volúmenes designados como Título 28 y, dentro de ese volumen, §1392 se encontraría siguiendo la secuencia.

## Es la ley

*Cuando no se confiere autoridad al gobierno federal, ésta yace en los gobiernos estatales.*

Los códigos estatales pueden tener su propio sistema de enumeración. Por ejemplo, en el Código de Virginia la referencia a un artículo del código sería un artículo numerado en forma específica como Código de Virginia Artículo 8.01-234, lo que sería una referencia al Título 8.01. Dentro de aquel título se encontraría el artículo del código designado como 234. Los códigos locales pueden ser designados de igual forma.

## Códigos locales

El impacto de los códigos locales suele verse con mayor frecuencia en relación con temas de vivienda, tránsito y urbanización. Por ejemplo, si se quiere construir una vivienda de determinado tipo en un determinado terreno, la construcción debería llevarse a cabo de acuerdo con los requisitos de urbanización, respecto al tamaño, la altura y la proximidad al límite con terrenos linderos. En las áreas donde se aplican normas de urbanización, probablemente no esté permitido construir una vivienda de diez pisos en una zona residencial con un límite de altura de construcción de veinticinco pies. De igual forma, las leyes de tránsito por lo general se encuentran estipuladas en los códigos locales, aunque estas leyes deben ser coherentes con las leyes estatales creadas con el mismo fin. Nuevamente se aplica el derecho de preferencia. Por ejemplo, sería absurda una situación en la que cada localidad tuviese la facultad de decidir si la luz verde significa avanzar o detenerse.

# Derecho administrativo

Otra área del derecho es la que se denomina *derecho administrativo*. Existen entidades administrativas tanto a nivel federal como estatal. Las entidades administrativas con las que la mayoría de nosotros esta familiarizada, son entidades federales tal como la Administración de Medicamentos y Alimentos (FDA), el Ministerio de Justicia, el Ministerio de Comercio, el Ministerio de Agricultura y la Comisión Federal de Comunicaciones.

Por lo general, estas entidades están facultadas para crear *reglamentos*. En algunos casos, estos reglamentos reciben el nombre de *normas* administrativas. Aunque

**Es la ley**
*Las normas adoptadas por agencias administrativas tienen el efecto de ley.*

existe una diferencia técnica entre norma y reglamento, para fines didácticos ambos términos se consideran como idénticos. Estas entidades administrativas son creadas por leyes del Congreso y se les otorga un fin específico, como se estipula en el Código de los Estados Unidos. También se les otorga la facultad de crear y publicar normas y reglamentos que regirán el desempeño de sus funciones.

# Capítulo tres

# Jurisprudencia

*Jurisprudencia* es el derecho que nace de sentencias judiciales específicas promulgadas por los tribunales. La jurisprudencia se presenta en forma escrita y por lo general contiene un breve resumen de los hechos del caso, un análisis de los principios legales que se aplican y una declaración de la resolución del tribunal (generalmente denominada el *fallo* del caso). El fallo es el punto central de la resolución del tribunal. Siempre que el tribunal en cuestión posea la jurisdicción o facultad para interpretar la legislación, el fallo se convertirá en ley. Las declaraciones en la resolución del tribunal que no sean parte del fallo son expresiones adicionales, o lo que se denomina *obiter dictum* (o simplemente *dicta*). El *dicta* dentro de la resolución del tribunal no tiene fuerza de ley sino que es utilizado por el tribunal para explicar los fundamentos de su decisión.

Para entender completamente el alcance de la jurisprudencia y el efecto que tiene en la vida cotidiana, es necesario entender la estructura del sistema judicial. En los Estados Unidos existen dos sistemas judiciales completamente distintos y separados uno del otro—el sistema judicial federal y el sistema judicial estatal. Cada estado posee su propio sistema judicial distinto y separado del sistema federal y de los sistemas judiciales de los restantes cuarenta y nueve estados de la Nación.

## Tribunales federales

El sistema judicial federal está un poco más integrado que los tribunales estatales porque los tribunales federales no reconocen necesariamente los límites entre los estados para ejercer su autoridad. Los tribunales federales están conformados por la Corte Suprema y los tribunales de circuito y de distrito.

La Corte Suprema de los Estados Unidos es el tribunal federal de mayor jerarquía. Se encuentra en Washington, D.C., y está integrada por nueve jueces o *magistrados*, quienes son elegidos por el Presidente con la aprobación del Senado. Estos magistrados son abogados y, de hecho, la mayoría de ellos son ex jueces de tribunales inferiores cuyo cargo ha sido elevado a la Corte Suprema de los Estados Unidos. Sin embargo, no existe requisito alguno que establezca que los magistrados de la Corte Suprema de los Estados Unidos deban ser abogados.

El sistema judicial federal está estructurado, esencialmente, como una pirámide. En la cúspide de la pirámide se encuentra la Corte Suprema de los Estados Unidos. La Corte Suprema de los Estados Unidos es, como su nombre lo sugiere, suprema e inapelable en el sentido de que es el tribunal *de última instancia*. No existe otro tribunal por encima de la Corte Suprema. Por debajo de la Corte Suprema de los Estados Unidos existen once Tribunales de Apelaciones de Circuito de los Estados Unidos. Estados Unidos se encuentra dividido en once circuitos federales numerados y dos circuitos adicionales denominados el Circuito D.C. y el Circuito Federal. (Consulte el mapa ena pág. 20). Dentro de cada circuito existe un Tribunal de Apelaciones de Circuito de los Estados Unidos. Estos tribunales reciben apelaciones de los tribunales inferiores de primera instancia o de determinadas entidades federales facultadas a *remitir apelaciones* a los Tribunales de Circuito de los Estados Unidos.

Estos Tribunales de Circuito de los Estados Unidos en cierta forma son iguales a la Corte Suprema de los Estados Unidos ya que son simplemente tribunales de apelaciones. Los Tribunales de Circuito de los Estados Unidos en realidad no juzgan casos— no examinan pruebas, las partes no testifican frente a ellos ni es común que resuelvan preguntas relativas a los hechos como lo haría un jurado. Los Tribunales de Apelaciones de los Estados Unidos simplemente revisan escritos presentados por abogados y luego examinan sus argumentos en forma oral para después presentar una decisión por escrito o emitir una orden que afirme, modifique o anule la decisión del tribunal de primera instancia.

El diagrama fue diseñado para mostrar, en forma general, la organización del sistema judicial tanto a nivel federal como estatal.

## SISTEMA JUDICIAL

| TRIBUNAL | SISTEMA JUDICIAL FEDERAL | SISTEMA JUDICIAL |
|---|---|---|
| Tribunal Superior | Corte Suprema de los Estados Unidos | El nombre puede variar según el estado pero por lo general "Corte Suprema." |
| Tribunal Intermedio de Apelaciones | Tribunal de Circuito de Apelaciones de los Estados Unidos | El nombre puede variar según el estado. |
| Tribunal de enjuiciamiento | Tribunal de Distrito de los Estados Unidos | El nombre puede variar según el estado. Algunos estados poseen tribunales de primera instancia de un solo nivel. Otros estados cuentan con un sistema de tribunales de dos niveles, lo que significa que existen dos niveles diferentes de los cuales—uno es un tribunal superior de segunda instancia o para casos más graves y el otro es un tribunal inferior de primera instancia o para casos de menor gravedad. |

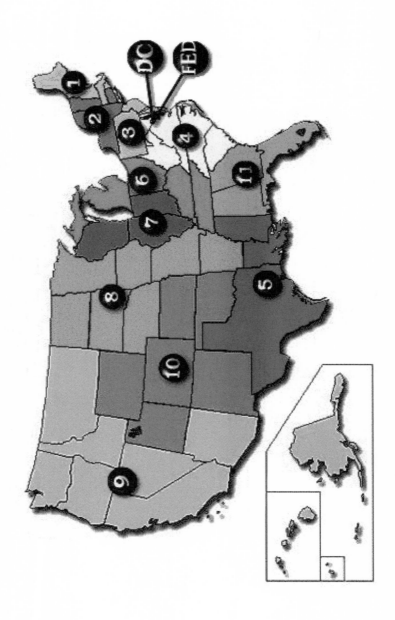

Por debajo de los Tribunales de Apelaciones de Circuito de los Estados Unidos se encuentran los Tribunales de Distrito de los Estados Unidos, que son los tribunales de primera instancia del sistema federal. Estados Unidos se encuentra dividido en noventa y cuatro distritos federales. Por ejemplo, en el estado de Virginia existen dos distritos federales: el Distrito oriental de Virginia y el Distrito occidental de Virginia. En el Tribunal de Distrito de los Estados Unidos para el Distrito oriental de Virginia existen varias divisiones que forman parte de ese distrito federal. Esto quiere decir que existe un palacio o corte de justicia en cada localidad que atiende los casos de los condados o ciudades más próximos a dicha corte.

Los Tribunales de Distrito de Estados Unidos son presididos por jueces de distrito de Estados Unidos, quienes son elegidos por el Presidente con la aprobación del Senado. También puede haber *magistrados* dentro del Tribunal de Distrito de Estados Unidos, quienes son funcionarios judiciales facultados para oír determinados tipos de casos que les son delegados por el juez de Distrito de Estados Unidos.

El Tribunal de Distrito de Estados Unidos, como tribunal de primera instancia es un *tribunal con competencia limitada*, lo que significa que su facultad se limita únicamente a atender determinados tipos de casos. En el ámbito penal, los Tribunales de Distrito de Estados Unidos sólo pueden oír casos que involucran delitos federales (es decir, una violación a la ley federal). A modo de ejemplo, haciendo referencia al caso de Rodney King, los oficiales de policía involucrados en ese caso fueron acusados de violar la ley federal de derechos civiles. Fueron enjuiciados en un Tribunal de Distrito de Estados Unidos ante un juez de ese tribunal con un jurado integrado por ciudadanos pertenecientes a ese distrito de Estados Unidos.

Los Tribunales de Distrito de Estados Unidos, como tribunales de competencia limitada, sólo se encuentran facultados para oír casos que involucren cuestiones en materia federal (*cuestión federal*) o disputas entre ciudadanos de diferentes estados. Este último requisito, en relación a los ciudadanos de diferentes estados, se denomina *diversidad jurisdiccional* en los tribunales federales. Por ejemplo, un ciudadano del estado de Connecticut puede demandar a un ciudadano del estado de Misisipi en el Tribunal de Distrito de Estados Unidos en Misisipi respecto de un accidente de tránsito ocurrido en Ohio.

La ley federal no sólo requiere que en la cuestión existan diferentes ciudadanías sino que además el monto reclamado en la demanda (el *monto objeto del litigio*) sea de al menos US$ 75.000. Por lo cual, si usted se viese involucrado en un accidente de tránsito en el estado de Texas, siendo usted un ciudadano de ese estado, y si la otra parte fuese también un ciudadano del mismo estado, usted no podría presentar una demanda ante un tribunal federal porque en tal situación no existiría diversidad de ciudadanía. Por el contrario, si la otra parte involucrada en el accidente de tránsito hubiese estado conduciendo un camión del correo postal del gobierno de los Estados Unidos, el caso se presentaria en la Corte de Distrito de Estados Unidos ya que el reclamo sería interpuesto contra el gobierno de Estados Unidos en base a una ley federal (por ej., la Ley Federal de Reclamos por Daños Civiles, *Federal Tort Claims Act*).

## Tipos de casos

Es importante que usted tenga clara la distinción entre casos penales y casos civiles. Un caso penal es, en esencia, una demanda entablada por el estado a través de su representante contra un individuo que es acusado de violar una ley penal. Por ejemplo, si usted daña un edificio federal, puede ser acusado de cometer un delito federal en una corte de justicia federal. De la misma manera, si usted golpea a su vecino en la nariz en propiedad privada, es muy posible que sea acusado de violar una ley penal estatal. El caso sería tratado en un tribunal estatal ante un juez de un tribunal estatal y usted tendría derecho a ser enjuiciado en

### Es la ley

*Un caso penal es, en esencia, un juicio iniciado por el gobierno actuando a través de un fiscal contra una persona acusada de violar una ley penal.*

presencia de un jurado integrado por ciudadanos de las ciudades, condados o pueblos sobre los cuales ese tribunal tiene jurisdicción o competencia. (El Capítulo 5 describe en mayor detalle al proceso penal tanto en el sistema judicial estatal como en el federal.)

Un caso civil, por el contrario, no involucra una sanción penal. Un caso civil importa un reclamo por una *compensación monetaria* o un reclamo por una *reparación equitativa*. Por ejemplo, si usted sufre una lesión en un accidente de tránsito, tendrá derecho a demandar a la otra parte una compensación monetaria para cubrir los gastos médicos, el lucro cesante y el dolor y sufrimiento ocasionados. En un reclamo equitativo un resarcimiento, lo que se busca es que el tribunal ordene a la otra parte que haga o deje de hacer una cosa. Por ejemplo, se podría demandar a un vecino para *prohibir* o evitar la ampliación de su casa y que ésta se extienda por encima de su propiedad privada. En ese caso no se estaría solicitando una compensación monetaria sino una orden para prohibir que sus vecinos construyan una casa dentro de su propiedad privada. Existe una gran variedad de casos civiles que podrían llevarse a cabo. (El Capítulo 4 se refiere a los litigios civiles tanto en el sistema judicial estatal como el federal).

## Tribunales estatales

Los sistemas de tribunales estatales difieren rotundamente según el estado. Algunos estados poseen un solo tribunal estatal. En esos estados, el tribunal de primera instancia generalmente se denomina tribunal de *jurisdicción general*, en el cual se llevan a cabo todos los casos civiles y penales.

Otros estados poseen lo que se denomina un sistema de *tribunales de primera instancia de dos niveles*. En el estado de Virginia, el tribunal de primera instancia inferior es el Tribunal General de Distrito. El tribunal atiende todos los casos penales de *delitos menores* y puede también oír todos los casos civiles en los que el la cuantía sea menor a US$ 15.000. (Un *delito menor* es una ofensa cuya posible condena no excede un año de cárcel). En el Tribunal General de Distrito no hay jurados. Cualquier caso que oiga el Tribunal General de Distrito puede ser apelado en el

Tribunal o corte de Circuito cuando la parte que promueva la apelación tenga derecho a un nuevo juicio (denominado como juicio *de novo*). En el Tribunal de Circuito cualquiera de las partes puede solicitar un juicio por jurado. El Tribunal de Circuito es un tribunal con *jurisdicción general*, lo que significa que prácticamente cualquier tipo de caso puede entablarse allí.

Algunos estados también cuentan con lo que se denomina *Tribunales Intermedios de Apelaciones*. El tribunal intermedio de apelaciones es en esencia el equivalente del Tribunal de Apelaciones de Circuito de Estados Unidos, salvo que el tribunal de apelaciones intermedio a nivel estatal sólo trata apelaciones de los tribunales de enjuiciamiento estatales. Por lo general, los tribunales intermedios de apelaciones atenderán cualquier caso cuya apelación les sea presentada. Sin embargo, en algunos estados los tribunales intermedios de apelaciones son tribunales de jurisdicción limitada y pueden estar facultados para oír sólo determinado tipo de casos.

El tribunal superior en la mayoría de los estados se denomina Corte Suprema, pero puede que algunos estados designen a su tribunal superior con un nombre diferente. El tribunal superior puede ser un tribunal de *apelaciones discrecional*, lo que significa que tiene la facultad de elegir los casos a los que antenderá, muy similar a la Corte Suprema de los Estados Unidos. Estos tribunales de apelaciones, ya sean intermedios o superiores, en realidad no juzgan casos sino que simplemente revisan escritos y actuados o registros judiciales que presentan los abogados, luego examinan los argumentos orales para después tomar una decisión.

## Jurisprudencia

La jurisprudencia a la que anteriormente se hizo referencia en este capítulo consiste en resoluciones *escritas* de los diferentes tribunales. Normalmente los tribunales de primera instancia no producen jurisprudencia. Aunque un juez de un tribunal de primera instancia pueda emitir una opinión por escrito (también llamada *decisión*) para un caso en particular, esa decisión es de aplicación muy limitada. Las decisiones de los jueces de tribunales de primera instancia son sólo vinculantes para ese caso en particular. No producen, necesariamente, un efecto jurídico sobre el resto de los jueces de ese tribunal de primera instancia ni sobre los jueces de otros tribunales de primera instancia. Los tribunales de primera instancia son los tribunales de menor jerarquía y, como tales, las decisiones por escrito de sus jueces son de aplicación limitada.

Varios de los casos atendidos por los tribunales de primera instancia son resueltos por jurados. Los jurados no presentan decisiones por escrito fundamentando su análisis del caso, sino que sólo presentan un veredicto. Ese veredicto en un caso civil favorecería al demandante o al demandado. Si el veredicto favorece al demandante y éste solicita una compensación monetaria, el jurado fijaría el monto de la indemnización (es decir, el valor de los daños). Si el caso no es decidido por un jurado, el juez puede presentar un veredicto o fallo por medio del cual se fije el monto de los daños u otorgue a una de las partes la compensación solicitada.

## Análisis legal

Esto concluye la sección sobre distinguir entre las fuentes del derecho. Para entender completamente el concepto de derecho, se debe saber muy claramente si el derecho en cuestión es constitucional, legislado, administrativo o jurisprudencia. En ciertos casos, existe cierta superioridad o jerarquía que puede aplicarse a esas diferentes fuentes del derecho. Si una actividad en particular se encuentra permitida o prohibida por la Constitución, no existe derecho legislado, administrativo o jurisprudencia que pueda establecer lo contrario. Sin embargo, esto no quiere decir que todos los derechos constitucionales sean necesariamente absolutos.

Por ejemplo, los ciudadanos gozan del derecho constitucional de reunirse en forma pacífica, pero con el fin de mantener el orden público, el gobierno podría requerir que se obtenga un permiso para llevar a cabo dicha reunión pacífica en una propiedad de dominio público. Sólo porque se desee reunirse en forma pacífica y se convoque con ese fin a una manifestación en la Quinta Avenida de Manhattan, esto no le otorga a Ud. el derecho absoluto de hacerlo durante la hora de mayor tránsito. En ese sentido, los derechos constitucionales pueden ser restringidos hasta cierto punto por las leyes locales o estatales.

# Sección Segunda

---

*El Sistema Judicial*

# Capítulo Cuatro

# Litigios Civiles

Tal como se explica en el Capítulo 3, existen dos tipos de casos—penales y civiles. Un juez federal puede un día atender un proceso civil complejo y al día siguiente presidir un caso penal federal corriente. El límite entre los tribunales civiles y penales dentro del sistema judicial federal no está claramente demarcado. Sin embargo, puede haber una clara distinción entre ambos en algunos estados. Puede que haya un tribunal específico denominado tribunal penal, en el cual sólo se atienden casos penales. Es importante recordar que el sistema civil se encuentra totalmente separado y diferenciado del sistema penal. En efecto, las normas que se aplican en un sistema en muchos casos, no se aplican para nada en el otro. Este capítulo explica la justicia civil tanto en el sistema judicial estatal como en el federal. (El Capítulo 5 se refiere al procedimiento penal tanto en el sistema judicial estatal como en el federal).

## La justicia civil en el sistema judicial estatal

Dentro del sistema judicial civil existen dos tipos de reclamos que pueden presentarse y resolverse en un tribunal—reclamos legales y reclamos equitativos. Un *reclamo legal* es un reclamo por una compensación monetaria. *Compensación monetaria* significa que la parte que entabla la demanda (el demandante) solicita que por medio de una resolución judicial se ordene a la parte demandada (el demandado) que le entregue un resarcimiento económico. Otro tipo de reclamo que puede ser parte de un litigio en el sistema judicial civil es un *reclamo equitativo*. En algunos estados se conoce al reclamo equitativo como un *reclamo en equity* o *reclamo en chancery.* Los reclamos equitativos son aquellos reclamos en los cuales la parte que entabla la demanda no solicita, necesariamente, un resarcimiento económico sino que solicita al tribunal que ordene a la otra parte que haga o deje de hacer una cosa.

**Ejemplo:** *Un reclamo legal puede originarse en un accidente de tránsito, en el cual una de las partes sufre un daño físico y sostiene que aquel daño es resultado de la conducta culposa del otro conductor. La demanda podría entablarse solicitando al tribunal que ordene a la parte acusada de la conducta culposa a pagar una suma de dinero.*

*Un reclamo equitativo podría originarse cuando un vecino busca que se prohíba (o se evite) que la ampliación de la casa de su vecino se extienda por encima de su propiedad privada. Para prevenir ese tipo de intrusión, se podría entablar una demanda solicitando una medida cautelar. Si el tribunal aprobase la solicitud, se dictaría una medida cautelar para evitar dicha actividad.*

## División del sistema judicial civil

Al interior del sistema judicial civil existen varias divisiones u oficinas en los tribunales que atienden diferentes tipos de casos. Pueden existir diferentes áreas tales como locador/locatario, mínima cuantía, relaciones familiares, supervisión de la libertad condicional o impuestos. Cada una de estas divisiones trata los tipos de reclamos relacionados sus nombres. Por ejemplo, la división locador/locatario tratará con desacuerdos entre un locador y un locatario, incluidos los desalojos por parte del locador, o reclamos de los locatarios relacionados al incumplimiento de los deberes por parte del locador.

La división de reclamos menores atenderá cualquier tipo de reclamo de sumas de dinero de acuerdo a su cuantía. La división de reclamos menores es un tipo de tribunal del pueblo, en el cual los abogados, por lo general, no se involucran y no se aplican las estrictas normas de la prueba. La división de relaciones familiares trata temas de familia, incluyendo el divorcio, la custodia la manutención de los esposa e hijos y la adopción. La división de supervisión de la trata casos relacionados con la propiedad y la custodia. Por último, dentro de un tribunal civil puede existir una división civil general para todos los reclamos que no se mencionaron anteriormente.

## Presentación de demandas

Cualquier persona puede ingresar al palacio de justicia y presentar una demanda. La parte que inicia esa demanda recibe el nombre de *demandante*. La parte a la que se demanda recibe el nombre de *demandado*. El escrito inicial que se presenta al tribunal para iniciar una demanda posee diferentes nombres, según la jurisdicción en la que se presente. Normalmente el documento o escrito inicial que se presenta al tribunal para iniciar un reclamo civil recibe el nombre de *demanda*. En cualquier demanda se puede solicitar *un resarcimiento bajo el sistema de common law* o un *resarcimiento equitativo*. Si el reclamo solicitado es legal, los daños y perjuicios solicitados consistirán en *indemnización real* y tal vez de *indemnización punitiva*.

> ### Es la ley
> *Los daños compensatorios tienen por objeto resarcir a una persona por una pérdida que haya sufrido.*

La indemnización real tiene el fin de retribuir al demandante por las lesiones ocasionadas. Dicho de otra forma, la indemnización real tiene por objeto *resarcir a la persona* por la pérdida que haya sufrido como resultado de la conducta del demandado. La indemnización punitiva, por otro lado, tiene como fin sancionar al demandado por su atroz conducta. No es común que se ordene una indemnización punitiva, y normalmente cuando se la otorga, primero se la somete a una exhaustiva revisión del caso por el tribunal para determinar la adecuación de la sentencia.

# Notificación de la demanda

Una vez que la demanda es iniciada adecuadamente, se debe notificar al demandado de la acusación en su contra. La notificación es cursada por el alguacil del condado, un *oficial de diligencias* especial, o cualquier otra persona que se encuentre facultada por ley para efectuar notificaciones. La notificación es normalmente personal, o sea una *"notificación en persona"*, lo que significa que la demanda y cualquier otra acta judicial (documentación) expedida por el secretario del tribunal debe ser notificada al demandado en persona. Algunos estados autorizan lo que se denomina una *notificación sustituta*, que significa que en algunos casos, la demanda puede ser notificada a un miembro de la familia del demandado o incluso puede ser pegada en la puerta del domicilio donde se cree que vive el demandado en la forma de un edicto o cédula de notificacón (cedulón).

Si no se puede hallar al demandado de ninguna forma se puede recurrir a otras formas de notificación alternas permitidas por la ley estatal. Estas consisten en notificar al Jefe del Departamento de Tránsito cuando se trate de un accidente de tránsito o de vehículos automotores y, en algunos casos, notificar al Secretario de Estado cuando el demandado ya no resida en ese estado. Estas otras formas de notificación se encuentran reguladas por la ley estatal en cada estado, por lo tanto difieren según el estado.

# Contestación por parte del demandado

Una vez iniciada la demanda y debidamente notificada, el demandado cuenta con cierto período para contestarla. Dicho plazo normalmente oscila entre veinte y treinta días. El demandado debe responder ya sea presentando una petición o una contestación. Los diferentes tipos de petición que puede presentar el demandado en respuesta a la demanda constituyen excepciones por falta de jurisdicción o competencia, demanda defectuosa y ciertas otras excepciones basadas en circunstancias atenuantes específicas.

La *excepción de incompetencia* es una respuesta que consiste en que el tribunal en el cual se inicia la demanda no tiene competencia—la facultad—para antender la causa. Otro tipo de petición que se presenta es la petición de desestimación de la demanda por *falta de invocación del reclamo,* lo que significa que el demandado sostiene que si bien todo lo declarado en la demanda es verdad, aquello no alcanza para constituir un fundamento para entablar la demanda en cuestión.

Otros tipos de *"defensas afirmativas"* o excepciones que pueden oponerse mediante una petición serían la prescripción, la cosa juzgada, la eximición de responsabilidad, la dación en pago y muchas otras defensas. Al oponer una defensa o exepción de *prescripción,* el demandado afirma que la demanda en su contra se presentó demasiado tarde y por lo tanto no es procedente. Al presentar la excepción de *cosa juzgada,* el demandado afirma que la demanda en su contra ya ha sido juzgada y por lo tanto no puede ser nuevamente motivo de un litigio. El oponer la defensa o excepción de *eximición de responsabilidad* o *dación en pago*, significa que se llegó a algún tipo de acuerdo respecto a la obligación por lo cual no puede llevarse a cabo un nuevo reclamo.

Si no se presenta ninguna excepción dentro del plazo estipulado luego de notificada la demanda, el demandado debe contestar la demanda. La *contestación* debe responder a cada uno de los párrafos enumerados en la demanda de manera tal que el demandante sepa exactamente qué hechos serán objetados. Además, puede solicitarse al demandado que oponga defensas afirmativas en dicha contestación. Una defensa afirmativa puede ser cualquiera de las defensas o excepciones arriba mencionadas que podrían oponerse en la forma de una petición o bien otras defensas que podrían constituir un impedimento automático para que el reclamo proceda.

# Etapa de diligencias investigativas extrajudiciales

Una vez contestada la demanda, la mayoría de los reclamos en el derecho civil permiten lo que se denomina *etapa de diligencias investigativas extrajudiciales.* Esta etapa tiene como fin permitir que cada una de las partes interrogue a la otra sobre el reclamo que se ha iniciado, sobre quiénes serían los posibles testigos y para identificar toda documentación pertinente. La etapa de diligencias investigativas extrajudiciales puede tomar diferentes formas.

Puede darse en forma de *interrogatorios*, que consiste en preguntas escritas que las partes pueden enviarse entre sí. Estas preguntas deben contestarse por escrito y bajo juramento. La etapa de diligencias investigativas extrajudiciales también puede consistir en *solicitudes* o requerimientos de documentación e inspección, lo que significa que la parte que emite la solicitud desea ver documentación que se encuentra en poder de la otra parte o que desea inspeccionar determinadas cosas bajo el control o custodia de ésta.

Además, pueden existir *requerimientos de declaraciones confesorias*, que son declaraciones escritas que la otra parte debe reconocer o negar. El propósito de los requerimientos de declaraciones confesionales es, esencialmente, el de resumir los hechos controvertidos del caso para que cada parte sepa, con exactitud, en qué consiste su reclamo.

También pueden permitirse las declaraciones testificales. Una *declaración testifical* es un interrogatorio oral llevado a cabo en presencia de un taquígrafo. El objetivo de la declaración testifical es que exista la oportunidad de interrogar en forma oral a la otra parte o a los testigos para así evitar sorpresas en la etapa probatoria. El objetivo general de la etapa de diligencias investigativas extrajudiciales es asegurarse de que cada una de las partes tenga suficiente oportunidad de informarse sobre los reclamos o exepciones de la otra parte para que, probatoria o sumario cada una tenga conocimiento de lo que la otra parte presentará.

## Audiencia preliminar y etapa probatoria o sumario

Luego de finalizada la etapa de diligencias investigativas extrajudiciales, puede llevarse a cabo *una audiencia preliminar* con un juez. El objetivo de la audiencia preliminar es identificar las cuestiones inconclusas que necesiten acordarse e intentar resolver las cuestiones legales pendientes antes del sumario. Además, algunos tribunales llevan a cabo lo que se denomina *audiencias conciliatorias*. Estas audiencias pueden realizarse por mediadores neutrales y tienen por objeto permitir que las partes se reúnan en un ambiente informal para intentar llegar a un acuerdo. Estos intentos de acuerdo por lo general, son confidenciales y si no se llega a un acuerdo, lo expuesto durante las audiencias concilia-torias no puede utilizarse en contra de la otra parte.

Si no se llega a un acuerdo respecto al juicio del caso, se fijará la fecha para el juicio o plenario. Podrá juzgarse ante un juez o ante un jurado. Los jurados se eligen entre la población general de la ciudad, condado o jurisdicción donde se encuentra el tribunal. Cada estado posee diferentes normas sobre cómo se eligen los jurados, pero normalmente se lo hace en base a padrones electorales y registros de propietarios de esa jurisdicción. En algunas jurisdicciones, también pueden seleccionarse de los registros del Departamento de Tránsito que identifique a las personas que posean una licencia de conducir.

## Examen previo de posibles miembros del jurado (*Voir Dire*)

Si el caso se juzgar ante un jurado, el primer paso del juicio será el *examen previo o voir dire* de los posibles miembros del jurado. *Voir dire* literalmente significa "manifestar la verdad". Es una oportunidad para formular ciertas preguntas a los jurados poten-ciales y determinar si tienen conocimiento alguno del caso, conocen a alguna de las partes, tienen algún interés en su reso-lución o tienen algún tipo de inclinación o preferencia a favor o en contra de cualquiera de las partes. Por lo general, el examen previo es conducido por abogados, aunque en algunos tribunales puede ser conducido por el juez. Una vez finalizado el examen previo, las partes tienen la oportunidad de recusar (objetar) todos o algunos de los jurados que consideran que no serían receptivos para el caso.

Asimismo, algunos jurados también podrían ser recusados *con causa*. Por ejemplo, si un miembro del jurado indica que, basado en sus conocimientos sobre el caso, ya tomó una deci-sión, por lo general será recusado con causa porque de otra forma, deliberaría en el caso con cierto prejuicio.

## Alegatos iniciales

Una vez elegidos los miembros del jurado, el tribunal permitirá que ambas partes manifiesten sus *alegatos iniciales*. El objetivo de los alegatos iniciales es que los abogados puedan orientar al jurado respecto del sentido del caso. Los alegatos iniciales no pretenden ser argumentativos sino que apuntan a ser, sencillamente, un relato de los hechos a ser presentados a lo largo del juicio.

## Presentación de la prueba

Una vez concluidos los alegatos iniciales, el demandante será quien en primer lugar, presentará su prueba. Esa prueba puede tener dos formas—la presentación de declaraciones de testigos y la presentación de documentación u otros objetos tangibles para que el jurado los evalúe. Al finalizar la presentación de la prueba del demandante, el demandado tendrá derecho a presentar una petición de desestimación del caso del demandante basándose en diferentes teorías legales. Este tipo de petición consiste en una declaración formulada por el demandado mediante la cual expresa que aunque la prueba presentada por el demandante fuese veraz, este hecho no sería suficiente para justificar el dictamen de una sentencia en su contra. Comúnmente, el tribunal emitirá una decisión en relación a dicha petición en ese momento. Por lo general, este tipo de petición se declara improcedente. Si la petición se declara improcedente, el demandado tendrá derecho a presentar su prueba.

Al finalizar la presentación de la prueba del demandado, éste podrá renovar su petición de desistimiento o de presentación de un veredicto directo. Asimismo, el demandante podrá presentar una petición para desestimar cualquier defensa y solicitarle al tribunal que dicte sentencia de puro derecho, contra el demandado. Este tipo de petición es una declaración presentada por el demandante por medio de la cual expresa que si bien lo expuesto por el demandado es cierto, éste no cuenta con una defensa de *buena fe* frente al reclamo y, por lo tanto, el jurado no tiene controversia alguna que resolver.

### Es la ley

*La función de un jurado es oír la prueba cuando hay pleitos relativos a hechos, evaluar esa prueba y tomar una decisión basada en ello.*

Es importante recordar que la función del jurado es recibir la prueba en los pleitos relativos a hechos, evaluarla y presentar una decisión basada en ella. Si no existiese un pleito relativo a hechos, el jurado no contaría con una cuestión para resolver y el tribunal (juez) resolvería el caso.

## Instrucciones al jurado

Al finalizar dichas peticiones—si éstas son denegadas—el tribunal le impartirá instrucciones al jurado relativas a las cuestiones de derecho del caso. Estas instrucciones pueden presentarse en forma verbal o pueden entregarse al jurado en forma escrita. Luego se le instruirá al jurado para que analice toda la prueba, las instrucciones al jurado y luego pronuncie su veredicto.

Sin embargo, antes de comenzar sus deliberaciones, el jurado oirá una vez más por parte de cada abogado lo que se llama *alegatos finales*. El objetivo de los alegatos finales es otorgar a los abogados una última oportunidad para expresar sus respectivas posiciones en el caso a fin de persuadir a los miembros del jurado de votar a su favor.

La cantidad de miembros de un jurado puede variar según la jurisdicción. La cantidad de miembros de un jurado para un caso civil por lo general oscila entre cinco y doce personas, pero las partes pueden acordar reducir la cantidad de miembros.

## Veredicto

Por lo general, se espera que las decisiones pronunciadas por un jurado en un caso civil sean unánimes. Se requiere que el jurado considere la prueba aplicando el principio según el cual el demandante tiene la *carga de la prueba*. El demandante (quien inicia el litigio) tiene la carga de probar su caso de acuerdo a lo que se conoce como *preponderancia de la prueba* (el mayor peso de la prueba). Si se piensa en una balanza perfectamente equilibrada y se agrega una pluma en uno de sus lados, el peso de la pluma podría determinar la preponderancia de la prueba. Si el demandante inclina la balanza a su favor, aunque sea mínimamente, habrá cumplido con la carga de probar su caso a través de la preponderancia de la prueba.

La gente suele preguntar: *¿Qué significa probar algo?* Algo se prueba cuando se presentan los medios de prueba que lo respalde. Cualquier tipo de prueba puede ser suficiente para probar algo. Un solo testigo que testifique que vio al demandado pasar un semáforo en rojo puede alcanzar para determinar su culpabilidad en un caso de accidente de tránsito, aunque usted haya presentado diez testigos que declararon que la luz estaba en verde.

## Peticiones posteriores al juicio

Una vez que se pronuncia el veredicto, cada una de las partes tendrá derecho a presentar las peticiones *posteriores a la etapa probatoria*. Estas peticiones posteriores al juicio por lo general, se presentarán en la forma de petición de nueva etapa probatoria, la petición para reducir el veredicto del jurado o, en algunos casos, para aumentarlo.

Es poco usual que los jueces modifiquen el veredicto de un jurado. La tradición dicta que una vez que el jurado da su declaración, ésta es definitiva. Sin embargo, si el jurado no ha seguido las indicaciones del tribunal o el veredicto pronunciado es claramente excesivo o inapropiado, el tribunal tiene la facultad de anularlo (y, en algunos estados, de modificarlo).

Las peticiones para un nuevo juicio deben estar fundadas en un error procesal cometido por el juez que atiende el caso. Existirán fundamentos para un nuevo juicio, a modo de ejemplo, si el juez de un caso admitiese prueba que no debería haber admitido, permitiese a un abogado expresarse al jurado de una manera inapropiada o instruyese mal al jurado en una cuestión de derecho.

## Recurso de apelación

Cualquiera de las partes que sintiese que el tribunal que atendió el caso no hizo justicia tendrá derecho a interponer un recurso de apelación respecto de la resolución ante el tribunal de mayor jerarquía dentro del sistema judicial del estado. Aunque cada parte tenga derecho a apelar, el tribunal puede tener facultades discrecionales y, por lo tanto, puede optar por no oír el caso.

Una apelación implica un proceso muy moroso. Para interponer una apelación de forma adecuada, es posible que deba confeccionarse una *copia de las actuaciones* del proceso del tribunal de primera instancia. Esta copia es confeccionada por un taquígrafo. El taquígrafo esperará recibir una remuneración por la confección de la copia. La confección de la copia, por lo general, cuesta varios miles de dólares. Asimismo, el apelante debe presentar un argumento legal (en forma de escrito o memorándum) ante el tribunal de apelaciones que incluya el error contenido en la resolución del tribunal.

Las partes no están facultadas a presentar prueba nueva en la apelación. En cambio, se encuentran sujetas al registro creado en el tribunal de primera instancia. Todo lo que no haya sido presentado u objetado en forma adecuada en el tribunal de primera instancia no se tendrá en cuenta en la apelación. Una apelación no es una oportunidad para volver a someter el caso a juicio. Es sencillamente, una oportunidad para solicitar a un tribunal de mayor jerarquía la revisión y corrección de un error cometido por el tribunal de primera instancia. Si se encuentra un error susceptible de ser corregido, el caso se remitirá nuevamente al tribunal de primera instancia para un nuevo juicio o, en algunos casos, el tribunal de apelaciones corrige la resolución del tribunal inferior y dicta una nueva sentencia.

## Normas procedimentales

La mayoría de los tribunales ha adoptado normas de procedimiento y normas de prueba. Las normas de procedimiento pueden estar incluidas, hasta cierto punto, en el código estatal (en cuyo caso las normas de procedimiento se convierten en esencia en derecho legislado), o pueden encontrarse agrupadas de manera formal en un conjunto denominado normas de procedimiento. En el sistema judicial federal existe un conjunto de normas denominado *Normas Federales de Procedimiento Civil (Federal Rules of Civil Procedure)*. Muchos tribunales estatales han adoptado conjuntos de normas de procedimiento civil similares.

Asimismo, puede existir un conjunto de normas denominado *normas de prueba*. En el sistema judicial federal existe un conjunto formal de normas denominado *Normas Federales de Prueba (Federal Rules of Evidence)* que han sido redactadas por la Conferencia Judicial. Estas Normas Federales de Prueba se aplican en los tribunales federales. A nivel judicial estatal, varios estados han adoptado sus propias normas de prueba. Estas normas fueron diseñadas con el objetivo de regular la admisibilidad de la prueba en el sistema judicial de ese estado.

## Prueba

Como se definió anteriormente, la *prueba* es la presentación de declaraciones de testigos y de documentación u objetos para que el jurado los evalúe. Las normas de prueba regulan cómo estos elementos pueden ser admitidos como prueba. El hecho de que algo sea admitido como prueba técnicamente significa, que el jurado puede ver u oír un determinado elemento. Si dicho elemento no se admite como prueba, el jurado no podrá verla ni oírla. Si sin quererlo hubiesen oído o visto prueba no admitida, según las normas, se les instruirá que no la tengan en cuenta. Las normas de prueba tienen la finalidad de brindar un grado de credibilidad a la prueba que se presenta en la sala del tribunal. Estas normas pueden ser muy complejas.

> **Es la ley**
>
> *Las normas de prueba tienen la finalidad de brindar un grado de credibilidad a la prueba que se presenta en la sala del tribunal.*

La forma principal en que se presenta la prueba constituye la interrogación de un testigo en el estrado a través del abogado que lo presentó como testigo. La declaración prestada por ese testigo se considera una prueba. El jurado podrá fiarse de esa prueba para resolver el caso. La declaración prestada por un testigo puede ser suficiente para convencer al jurado de fallar en favor de la parte que presenta a dicho testigo, aún cuando la otra parte cuente con diez testigos que presten una declaración contraria.

## Norma sobre testigos

Si usted estuvo alguna vez en la sala de un tribunal en la cual varios testigos podrían llegar a prestar su declaración, recordará que el juez preguntó si existía una solicitud de la norma sobre testigos. La *norma sobre testigos* significa que los testigos que no hayan prestado su declaración no están facultados a estar en la sala del tribunal. Esta norma no se aplica para las partes del litigio. Esto quiere decir que tanto el demandante como el demandado de un caso civil tienen el derecho a estar presentes aunque puedan declarar en calidad de testigos. Sin embargo, se les puede instruir a los testigos que no hayan declarado hasta ese momento que abandonen la sala hasta que llegue el momento de prestar su declaración. Asimismo, esta norma sobre testigos puede ampliarse para prohibir que otras personas informen a los testigos sobre lo sucedido en la sala hasta que ese testigo preste su declaración. La violación a esta norma sobre testigos podría resultar en la prohibición de que un testigo  declare. El objetivo de esta norma es impedir que la declaración de un testigo se vea influenciada por lo que otro testigo declare en la sala.

## Interrogatorio

Se requerirá a la parte que presente a un testigo a declarar que le formule *preguntas no conducentes*. Este tipo de interrogación testifical denominado *interrogatorio* tiene la finalidad de permitir que los testigos, en vez del abogado, presten su declaración. Si el abogado se encontrase facultado a formular *preguntas conducentes* (preguntas que sugieren la respuesta dentro del contenido de la pregunta), el abogado estaría prestando su propia declaración y no así el testigo. Un ejemplo de pregunta conducente sería: "¿No es verdad que usted golpea a su mujer?" Esta pregunta, por su propio contenido, insinúa que la respuesta es sí—que el testigo golpea a su mujer. Este tipo de pregunta no está permitido en el interrogatorio. La misma pregunta formulada en forma no conducente sería "¿Qué sabe usted sobre el hecho de que su mujer fue golpeada?"

El objetivo general de interrogatorio de testigos es darles la oportunidad de que éstos expliquen lo que saben.

Si el testigo presta una declaración que merece una mayor explicación, el abogado puede pedirle que simplemente explique su respuesta.

## Contrainterrogatorio

El objetivo del *contrainterrogatorio*, por el contrario, es darle la oportunidad a la otra parte (la parte que no ha presentado al testigo a declarar) de tratar de comprometer al testigo. Durante el contrainterrogatorio, por lo general el testigo no tendrá la oportunidad de explicar sus respuestas.

Un interrogador experto en el contrainterrogatorio formulará las preguntas de la forma *No es verdad que....* Este tipo de preguntas apuntan a que se obtenga un simple sí o no como respuesta para que el testigo no tenga la oportunidad de explicar sus respuestas en detalle. Este tipo de pregunta se llama *conducente*. Si el testigo desea explicar su respuesta o si el abogado que inicialmente lo presentó desea que éste la explique, el abogado tendrá la oportunidad de hacerlo en un *segundo interrogatorio* (la formulación de preguntas que tiene lugar luego del interrogatorio).

La forma general de llevar a cabo el interrogatorio de los testigos es:

◆ primero, a través de un testigo al cual el abogado que lo presenta formula preguntas no conducentes;

◆ segundo, en un contrainterrogatorio por el abogado de la otra parte, por lo general mediante la formulación de preguntas conducentes; y

◆ tercero, en un segundo interrogatorio en el cual la parte que originalmente presentó al testigo puede formular más preguntas no conducentes, permitiendo que el testigo explique cualquier respuesta que pudo haber dado en el contrainterrogatorio.

El contrainterrogatorio se encuentra por lo general limitado por el *alcance* del interrogatorio. Si en el interrogatorio, al testigo sólo se le formuló una cantidad limitada de preguntas sobre cuestiones limitadas, el interrogatorio debe limitarse a esas cuestiones. El contrainterrogatorio no podrá extenderse más allá del alcance general del interrogatorio.

## Recusación

Una vez que el testigo se encuentra ubicado en el estrado, éste puede ser *recusado*. Recusar a un testigo significa contradecirlo en alguna forma o sentido, o de otra forma debilitar su credibilidad. Se puede recusar a un testigo presentando declaraciones contrarias a las que éste haya formulado en oportunidades anteriores sobre el tema objeto de la controversia, demostrando que éste posee una inclinación particular a favor o en contra de la otra parte, o atacando su carácter demostrando que éste fue previamente procesado por un delito penal que constituye un delito grave o en un delito de conducta inmoral. (Un *delito grave* es un delito por el cual una persona puede ser encarcelada por más de un año. Un *delito de conducta inmoral* es un delito que implica una mentira, un engaño o un hurto).

Normalmente, en un caso civil prueba sobre una persona general de una persona no es admisible. En una acción civil el tribunal no desea considerar pruebas sobre qué tan buena persona puede ser el demandante o el demandado. Sin embargo, ese tipo de testimonio puede ser admitido en una acción penal para demostrar la personalidad y la reputación del demandado que ha sido acusado del delito.

## Capacidad del testigo

La *capacidad de un testigo* para declarar a veces puede representar un problema. Por lo general, todo testigo en *edad de razonar* es considerado capaz, siempre que no haya sido declarado incapaz por un tribunal. La edad de razonar varía según la madurez e inteligencia del testigo, siendo la edad de 7 años la edad mínima considerada. Entre los 7 y los 14 años, corresponde a juez del tribunal determinar si la persona cuenta con el conocimiento necesario como para prestar declaración. Una persona es declarada incapaz por un tribunal si media una resolución judicial por la que conste que ésta presenta una deficiencia en sus capacidades al punto de no poder administrar sus bienes necesitando, para ello, que se nombre a otra persona con tal fin, como un curador. Si una persona fue declarada incapaz, ésta no estará facultada para prestar declaraciones.

Otros problemas de capacidad pueden surgir con relación a la prestación de un juramento. Algunas personas sostienen que no pueden prestar juramento debido a sus creencias religiosas. Normalmente, esta cuestión se resuelve logrando que la persona afirme que dirá la verdad en vez de hacerla declarar esto, jurando ante Dios.

## Principios de confidencialidad

En el transcurso del litigio, es común que alguna de las partes presente una objeción basada en un principio de *confidencialidad*. Dentro de la ley, existen diferentes tipos de principios de confidencialidad. El de *marido y mujer* es un *principio* que impide que cualquiera de los cónyuges testifique en contra del otro basándose en lo que cada uno podría haber conocido del otro durante el tiempo que estuvieron casados. Si el marido le dice a su mujer que acaba de asesinar al vecino de al lado, su mujer podría ser eximida de tener que repetir tal declaración en un tribunal.

Uno de los principios más arraigados del sistema legal de los Estados Unidos es el de la *confidencialidad entre abogado y cliente*. Cuando un cliente contrata a un abogado, todo lo que el cliente declare a su abogado se considera información confidencial que el abogado no puede dar a conocer sin el consentimiento de su cliente, a no ser que tal declaración tenga que ver con la actividad penal propuesta. Por ejemplo, si un cliente informa a su abogado que está por hacer estallar un edificio, el abogado—según la ley de la mayoría de los estados—debe comunicarle las posibles consecuencias legales, instarlo a que no cometa el crimen e informarle que el abogado debe revelar tales intenciones a las autoridades a menos que abandone la actividad penal propuesta. Si el cliente confiesa a su abogado que hizo estallar un edificio, el abogado se encuentra obligado por el principio de confidencialidad entre abogado y cliente a no revelar tal información.

En el caso del principio de la confidencialidad entre abogado y cliente, el principio favorece al cliente y no al abogado. Si el cliente desea dar a conocer tal información, se encuentra facultado a hacerlo. Sin embargo, el abogado no puede dar a conocer tal información sin el consentimiento de su cliente, a menos que el cliente ya la haya divulgado por su cuenta. Algunos estados reconocen otros tipos de principios de confidencialidad en los que la información provista por una persona a otra no puede ser divulgada sin el consentimiento de la persona detentora del principio. (Tal principio de confidencialidad existe respecto de la *relación entre paciente y médico* y la *relación entre sacerdote y penitente*).

## Carga de la prueba

Como se dijo anteriormente, el demandante tiene la *carga de la prueba* en un caso civil. Existen diferentes cargas que se aplican para los diferentes tipos de casos. Por lo general, en un caso civil la carga de la prueba es lo que se denomina *la preponderancia de la prueba*—el mayor peso de la prueba. Remítase al caso de la inclinación de la balanza por el peso de una pluma. Si el demandante inclina esas balanzas aunque sea por el peso de una pluma, habrá cumplido con la carga de la prueba sobre la base de la preponderancia de ésta.

Sin embargo, en algunos reclamos civiles la carga de la prueba puede ser un tanto mayor. En particular, tratándose de reclamos por estafa, la carga de la prueba por lo general se considera lo que se denomina prueba *clara y convincente*. La carga de la prueba o el estándar de la prueba es mayor que la simple preponderancia de la prueba. Si usted piensa en la preponderancia de la prueba como algo más del cincuenta por ciento, la prueba clara y convincente sería un nivel de prueba que oscilaría entre el setenta y cinco y un posible máximo de noventa por ciento.

Otra frase que se utiliza en los casos penales es la de *prueba más allá de toda duda razonable*. Este es un nivel de prueba que va aún más allá de la prueba clara y convincente, y entra probablemente en el rango del noventa por ciento. (Consulte el Capítulo 5, Estándar de prueba).

Probablemente genere más confusión tratar de asignar porcentajes a estos estándares de prueba, ya que en realidad estos no son susceptibles de una ordenación numérica. Estas clasificaciones numéricas se proponen meramente para brindar una ilustración de los diferentes niveles de carga de la prueba.

## Presunciones

Dentro de la ley de las normas probatorias, existen ciertas *presunciones* que pueden surgir en determinados casos. Una presunción es el reconocimiento de que si un hecho particular se encuentra probado, de éste se infiere o se asume un segundo hecho.

*Ejemplo:* *Si se prueba que un niño es menor de siete años, existe una presunción de que el niño no puede cometer actos negligentes. Esto es, habiendo probado en primer lugar que el niño era menor de siete años, el tribunal reconoce que existe una presunción de que el niño no pueda ser culpable de ciertos actos.*

La presunción puede no admitir prueba a lo contrario. Puede existir una presunción diferente respecto de un niño entre 7 y 14 años. Esta presunción es considerada como una *presunción rechazable*. Si se puede demostrar que el menor posee suficiente conocimiento, inteligencia y experiencia para entender la naturaleza de sus actos y es capaz de cometer un acto negligente, podrá rechazarse la presunción.

Existen varias otras presunciones legales. Se presume la inocencia de las personas acusadas de cometer un delito. Esta presunción debe ser superada por el gobierno a través de pruebas de comportamiento delictivo. Si una persona actúa en carácter de apoderado legal en nombre de otro individuo y se beneficiase de esa relación, existirá una presunción de que el beneficio obtenido de la rela-

### Es la ley

*Una presunción es el reconocimiento de que si un hecho particular se encuentra probado, de éste se asume un segundo hecho.*

ción es fraudulento. El fundamento de esta presunción es que como representante o apoderado legal de un individuo, una persona cuenta con un gran poder sobre la persona por quien actúa y puede manipular sus negocios o bienes.

También puede existir una presunción de fallecimiento tras una ausencia de siete años. Si una persona desaparece y no se la ve ni se sabe nada de ella por un período de siete años, se presumirá su fallecimiento.

Otra presunción que se nombra con frecuencia es la presunción del conocimiento de la ley. Se presume que los ciudadanos de los Estados Unidos conocen las leyes que allí se aplican. Obviamente, nadie puede conocer todas las leyes. Sin embargo, el sentido común podría decir que si se está en miras de involucrarse en un comportamiento cuestionable, debería revisarse que tal comportamiento no sea ilegal. Si se involucra en tal comportamiento, no podría luego alegarse que no se tenía conocimiento de la ley, porque se supone que los ciudadanos la conocen.

## Relevancia

El criterio principal de admisibilidad es que la prueba debe ser relevante. *Relevancia* significa que la prueba que se ofrece tiende a probar o desaprobar un hecho en un determinado caso. Si el hecho cuestionado en el caso es si una persona se pasó un semáforo en luz roja, la prueba que demuestre que al momento del accidente el semáforo no funcionaba correctamente es relevante y será normalmente admisible. De la misma forma, la prueba del ciclo de los semáforos cercanos y de la velocidad a la que la persona conducía desde una inter-

> **Es la ley**
> *Relevancia significa que la prueba que se ofrece tiende a probar o desaprobar un hecho en un determinado caso.*

sección cercana hasta la intersección en cuestión puede ser relevante más allá de si la luz del semáforo se encontraba en rojo al momento en que la persona llegó a la intersección. Todos estos hechos tienden a probar o desaprobar si la persona pasó el semáforo en luz roja y por lo tanto son relevantes.

Alguna prueba puede ser relevante pero a la vez tan perjudicial que el tribunal puede determinar no admitirla. En los reclamos por daños civiles, la mayoría de los tribunales han determinado que la prueba del seguro no es admisible por ser ésta demasiado perjudicial. Si un jurado sabía que el demandado contaba con un seguro, ese veredicto podría ser mayor simplemente como resultado de ello. De igual manera, la mayoría de los tribunales han determinado que la prueba de un demandado asegurado no es admisible aunque ésta sea relevante.

## Prueba directa e indirecta

La prueba, en términos generales, puede caer dentro de dos categorías. Existe la *prueba directa* y la *prueba indirecta*. La *prueba directa* consiste en testigos que declaran sobre asuntos de su conocimiento personal o puede también consistir en documentación, fotografías u otros objetos que prueben en forma directa algo en particular. Por ejemplo, el testimonio de una persona que testifica "vi a un lobo atacar el gallinero" sería un ejemplo de la prueba directa.

La *prueba indirecta* puede considerarse como tal o como prueba que conduce a una conclusión particular aunque no exista una declaración directa, documentación u objeto que pruebe el hecho. Volviendo al ejemplo del lobo atacando el gallinero, si en realidad nadie vio el ataque, pero se ven las huellas del lobo alrededor del gallinero y las gallinas muertas, podría concluirse que el lobo mató a las gallinas, aunque en realidad nadie haya presenciado el hecho.

## Prueba material

La documentación y los objetos físicos se ofrecen con frecuencia como prueba instrumental o material en un juicio. La primera duda respecto de cualquier documentación u otros objetos físicos es su *autenticidad*. Un documento u objeto es auténtico si se ha probado que éste es lo que aparenta ser. Si se presenta un testamento ante el tribunal como prueba y se lo ofrece como el testamento de Javier García, antes de que tal documento sea presentado como prueba (exhibido al jurado), se requerirá que un testigo confirme que se trata del testamento de Javier García y que en él consta su firma. Este tipo de testimonio establece la autenticidad del documento—es decir que es lo que aparenta ser.

Desde el punto de vista no legal y de sentido común, un ciudadano de a píe que observe este testamento podría decir que éste contiene el nombre en la parte superior indicando que se trata del testamento de Javier García, que en él consta su firma y que ésta parece auténtica. Sobre la base de todo aquello, el sentido común sugeriría que el documento es lo que parece—el testamento de Javier García. Sin embargo, el tribunal normalmente requiere algo más que la simple apariencia de validez. Normalmente, se necesitará el testimonio de un testigo que declare que el documento es, verdaderamente, el testamento de Javier García y es posible que ese testigo deba testificar sobre cómo obtuvo tal información.

Una vez establecida la autenticidad de un documento, puede que surjan otras objeciones respecto a ese documento. Toda objeción respecto a relevancia y su confidencialidad debe ser sometida al tribunal.

## Testimonio de oídas

Sin embargo, una objeción más común es el *testimonio de oídas*. La objeción al testimonio de oídas puede surgir no sólo en relación a la prueba sino también respecto a la prueba testifical (la declaración de testigos). A modo de definición general, el testimonio de oídas es una declaración extrajudicial que se ofrece por su valor de veracidad.

**Ejemplo:** *El demandante hace una declaración en el lugar de un accidente y dice "Yo soy culpable". Si se ofreciese como veracidad en el tribunal, ¿se consideraría un testimonio de oídas? Si se observa la definición de testimonio de oídas como una declaración extrajudicial que se ofrece por su valor verídico, tal declaración constituiría un testimonio de oídas. La declaración fue efectuada fuera de un tribunal (en el lugar del accidente) y se ofrece por su valor de veracidad (para probar que el demandante era el culpable al momento del accidente porque así lo expresó).*

El objetivo general del principio del testimonio de oídas es no dar lugar a prueba que tal vez no sea confiable. Otro motivo para rechazar el testimonio de oídas es que su presentación niega a la otra parte el derecho a interrogar a la persona que formula tal declaración. Si en el lugar del accidente un oficial de policía declarase que el demandante era el culpable al momento del accidente, tal declaración constituye un testimonio de oídas si se lo ofrece en el tribunal como prueba, ya que fue efectuado en forma extrajudicial y sería ofrecido por su valor de veracidad. Si el oficial de policía no presta declaración en el juicio, obviamente no podrá ser interrogado sobre tal declaración. Sería injusto permitir que cualquiera de las partes repitiese semejante declaración en el tribunal porque el testigo que la formuló no se encontraría presente para ser interrogado. Sin embargo, si el oficial de policía declarase en el juicio, sería posible que, bajo ciertas circunstancias, se le cuestione la declaración anterior y se le solicite una explicación.

Como se indicó anteriormente, el testimonio de oídas por lo general no es admisible, pero existen varias excepciones a este principio. Por ejemplo, cuando el demandante ha declarado que fue el culpable, tal declaración habrá constituido un testimonio de oídas. Sin embargo, el tribunal puede de todas formas admitirlo alegando que es una excepción al principio del testimonio de oídas porque constituye una confesión a esta acción en particular. Las excepciones al principio del testimonio de oídas son muy amplias—tan amplias que algunas personas dirían que hoy en día el principio en sí mismo no tiene sentido.

## Peritos

Un perito es simplemente un testigo especializado en un área en particular, cuyo testimonio, según determinó el tribunal, podría asistir al jurado en la comprensión de las cuestiones técnicas del caso para poder resolverlo de manera justa. A lo largo de los años se ha abusado del testimonio de un perito presentándolo para cuestiones en las que no es necesario. El proceso de selección para la admisión del testimonio de un perito consiste en que debe relacionarse con un área o materia que al jurado le resulte difícil comprender. El perito debe ayudar al jurado a comprender los hechos desde un punto de vista técnico. En un caso de negligencia médica en el cual el objeto del litigio sería determinar si la operación debería haber sido llevada a cabo de una manera u otra, el jurado necesitará oír el testimonio de peritos médicos sobre cómo ésta debería haberse llevado a cabo. El jurado no cuenta con el conocimiento médico pertinente para decidir tales cuestiones por sí mismo; por lo tanto, deberá oír el testimonio de los peritos médicos que guiarán al jurado respecto a las circumstancias médicas pertinentes y cómo debería o no debería haberse llevado a cabo la operación. Posteriormente el jurado decidirá a qué perito creer y pronunciará su veredicto.

Algunos tipos de testimonios de peritos han sido declarados inadmisibles en algunos tribunales. Por ejemplo, en algunas jurisdicciones el testimonio de peritos sobre cómo un accidente de tránsito en particular pudo haber ocurrido se considera inadmisible por tratarse de una cuestión que un jurado por lo general puede comprender y determinar por sí mismo, sin la ayuda del testimonio de un perito.

Dentro de la profesión legal, existe una tendencia a ofrecer testimonios de peritos en tantas cuestiones como les sea posible para mejorar su caso en relación a la demanda, querella o excepción que se alega. Recientemente, varios tribunales han considerado esta tendencia como negativa, y han intentado restringir la admisibilidad de los testimonios de peritos. El fundamento para aquello es que en muchos de estos casos el jurado posee los conocimientos o sentido común suficiente para entender y resolver estos asuntos por su cuenta.

# Capítulo cinco

# Derecho y procedimiento penal

Varios actores componen el sistema judicial penal—la policía, los fiscales, los jueces, los oficiales que administran la libertad condicional y la libertad bajo palabra y el *acusado*, también denominado imputado. Los procesos penales, típicamente, comienzan con la intervención de la policía a través de un arresto. El arresto puede llevarse a cabo como consecuencia de un delito presenciado por un oficial de la policía o como resultado de una investigación policial. Una vez que la policía ha efectuado el arresto, la persona arrestada comenzará a recorrer el sistema judicial penal.

Para describir este avance a través del sistema judicial penal (y en su mayor parte, también por el sistema federal), el mejor lugar para comenzar a hacerlo es al principio. Al igual que con todos los aspectos del sistema legal, el punto de partida siempre es la Constitución. El encuentro más frecuente con el derecho constitucional tiene lugar en el contexto penal. El derecho penal y su procedimiento, en su gran mayoría, *son* elementos del derecho constitucional.

## Garantías constitucionales

Hoy en día virtualmente todos los derechos enumerados en la Declaración de derechos se aplican no sólo en los procesos penales federales, sino también en los procesos penales estatales. De esta manera, el derecho del demandado a permanecer en silencio, el derecho a un abogado idóneo, el derecho al careo con quienes lo acusan, el derecho a no ser sometido a castigos crueles e inusuales y la mayoría de los derechos enumerados en la Cuarta, Quinta, Sexta y Octava Enmienda se han vuelto aplicables a los acusados condenados por delitos en el sistema judicial estatal.

La mayoría de los derechos asociados con un proceso penal son derechos que se articulan antes de que se efectúe ningún arresto. La Cuarta Enmienda establece el derecho a no ser objeto de *allanamientos o detenciones arbitrarias* llevadas a cabo por la policía. La policía no puede detener a una persona que está caminando por la calle, a no ser que tenga una justificación razonable que los lleve a  creer que ésta ha cometido un delito penal o su intención es cometerlo. Si un oficial de policía ve a una persona caminando por la calle comportándose una manera sospechosa, la detiene para interrogarlo al respecto, y observa un bulto sospechoso bajo su abrigo semejante al de un arma, podría detenerla y palparla para determinar si en realidad se trata de un arma. Si se trata de un arma y la persona no se encontrase autorizada a portar una, podría quedar bajo arresto.

Supongamos que un oficial de policía recibe un informe sobre un robo que acaba de perpetrarse en un banco y escucha una descripción de los delincuentes en la radio policial. Si ese oficial de la policía considera que usted se ajusta a la descripción podría preguntarle dónde ha estado, hacia dónde se dirige y solicitarle su identificación. Si en este punto el oficial de policía tuviese dudas respecto de si usted es o no el sospechoso, hasta podría llevarlo a la escena del delito para ver si algún testigo puede identificarlo. Si usted fuese identificado por alguno de los testigos, quedaría arrestado.

## Es la ley

*En general, la policía debe tener una orden de allanamiento para allanar su vivienda.*

Sin embargo, un oficial de policía no puede detenerlo mientras camina por la calle simplemente porque tiene un aspecto sospechoso o peligroso. Por el contrario, debe poseer algún fundamento que pueda ser *articulado* que causaría que una *persona razonable* deduzca que usted ha cometido algún delito penal o se encuentra a punto de cometerlo.

Probablemente haya escuchado el dicho *el hogar de un hombre es su castillo*. En efecto, esto es verdad en lo que respecta a allanamientos policiales. La policía no puede, arbitrariamente, entrar en su domicilio y practicar un allanamiento. Por lo general, la policía necesitará una orden de allanamiento para llevar a cabo dicho cometido en su propiedad. En algunos casos de emergencia la policía podría estar facultada a ingresar en una propiedad y llevar a cabo el allanamiento. Esto sólo estará permitido si es necesario llevar a cabo un allanamiento a fin de arrestar a una persona quien se cree ha cometido un delito o para impedir la destrucción de pruebas. Sin embargo, siempre y cuando el tiempo lo permita, la policía deberá obtener una orden de allanamiento expedida por un juez o un magistrado competente que autorice el allanamiento y entrada a una propiedad.

## Norma de exclusión

Una norma que ha evolucionado con el correr de los años (y que es objeto de mucha controversia) es la denominada *norma de exclusión*. La *norma de exclusión* establece que los tribunales no admitirán prueba que se haya obtenido como resultado de un allanamiento o secuestro arbitrario. La norma de exclusión es de carácter más o menos general y, a lo largo de los años, los tribunales le han aplicado o añadido varias excepciones.

El objetivo de esta norma es el de regular el comportamiento

### Es la ley
*El objetivo de la norma de exclusión es controlar el comportamiento policial.*

policial. Se cree que si la policía es consciente de que la prueba que obtenga violando los derechos constitucionales de una persona no podrá ser usada en un proceso penal, podrá controlar su comportamiento, velando por los derechos constitucionales de los querellados. La lucha en torno la norma de exclusión se ha extendido por casi cuarenta años, y en ésta algunas personas han sostenido que no tiene sentido liberar al delincuente sólo porque la policía ha actuado ineficientemente.

Del otro lado de la moneda, otras personas argumentan que la única forma en que se puede controlar a la policía es no admitiendo prueba que haya sido obtenida en forma ilegal.

Para que el querellado pueda hacer uso de la norma de exclusión, éste debe afirmar y demonstrar que posee la *capacidad* de objetar la violación constitucional alegada. Este requisito de capacidad, o de la posesión de un interés apropiado en el resultado del caso, es un requisito general para alegar cualquier derecho constitucional. Un ejemplo en el que el demandado no tuviese capacidad surge cuando un secuestro ilegal de narcóticos en el domicilio del demandado A trae como consecuencia el arresto del demandado B en otro lugar. En ese caso, los narcóticos no podrían utilizarse como prueba contra A, ya que A es capaz de objetar el arresto ilegal. Los narcóticos podrían utilizarse en contra de B, dado que B no es capaz de objetar, ya que no fue su propiedad la allanada ilegalmente ni fue él quien resultó ilegalmente arrestado. En ese caso, B no sería capaz de presentar una objeción constitucional para que la prueba no sea admitida.

# Procedimiento Penal

Una vez que una persona ha sido arrestada, el oficial que participó en el arresto puede registrar a la persona o el área que se encuentra al alcance de su brazo. Todo lo que se encuentre como resultado de aquello podrá utilizarse en contra del querellado. De igual forma, si hubiese una sustancia o artículo ilegal a *simple vista* del oficial mientras éste se encuentra legalmente en la propiedad, esta sustancia o artículo podrán ser confiscados y utilizados en contra del querellado.

Los allanamientos a automóviles son frecuentemente objeto de controversia. Cuando el conductor de un automóvil es arrestado y llevado al departamento de policía, normalmente se le incauta su automóvil. La policía está autorizada a realizar un *allanamiento con inventario* del automóvil. Dado que el automóvil se encuentra en su poder, le interesa a la policía determinar si existen o no en el automóvil artículos con valor probatorio para no ser acusados de haberse apropiado ilícitamente de ellos. Normalmente llevarán a cabo un allanamiento con inventario del automóvil y, si encontrasen alguna sustancia o material ilegal, ésto podría dar origen a un proceso penal.

## Principio de prueba

El criterio general para efectuar un arresto es lo que se denomina el *principio de prueba*. El *principio de prueba* surge cuando existe suficiente prueba para conseguir que una persona razonable crea que el acusado fue quien probablemente cometió el delito en cuestión. La palabra clave aquí es *prueba*. Es decir, la posibilidad de que el acusado haya cometido el delito es mayor que menor.

La policía podría basarse en una variedad de fuentes de información para llegar al principio de prueba. Por ejemplo, un investigador policial que se fía de un informante que ha sido usado anteriormente para colaborar en la prevención del tráfico de drogas podrá determinar que existe un principio de prueba de que ciertos narcóticos están siendo vendidos en un determinado lugar. Esto podría justificar no sólo que se emita una orden de allanamiento para esa propiedad, sino que además se ordene el arresto de las personas ubicadas en esa propiedad si allí se encontrasen narcóticos. El principio de prueba también podría fundamentarse por medio del control policial cuando un policía haya efectivamente visto el desarrollo de actividades sospechosas en un lugar determinado. Muchas cosas pueden justificar que se emita una orden judicial y el allanamiento de una propiedad.

## Mandamientos

En el ámbito penal, existen dos tipos de mandamientos que pueden emitirse—órdenes o mandamientos de arresto y órdenes o mandamientos de allanamiento. Una *orden de arresto* es una orden expedida por un juez o magistrado para autorizar el arresto de una persona particular por un delito determinado. Una *orden de allanamiento* es una orden expedida por un juez o magistrado para autorizar a la policía a llevar a cabo un allanamiento en una determinada propiedad con el fin de llevar a cabo una búsqueda de objetos específicos. Aunque la policía no siempre necesita contar con una orden de allanamiento para llevar a cabo el allanamiento de una propiedad, por lo general, es preferible que posean una, especialmente si se cuenta con tiempo para tramitarla. Sin embargo, bajo algunas circunstancias el tiempo no permite que la policía se dirija al tribunal pertinente, encuentre algún juez que disponga de tiempo para considerar la situación y obtener una orden de allanamiento. En estas circunstancias—cuando la prueba se encuentra a punto de ser destruida o cuando el delito está en progreso—la policía puede ingresar a la propiedad y llevar a cabo el allanamiento sin la necesidad de contar con una orden.

Si se ha emitido una orden de allanamiento, en ella constará la fecha en que se llevará a cabo el allanamiento. Normalmente, la notificación y ejecución de una orden de allanamiento es un asunto discrecional que sólo compete a la policía. Una vez que la policía ha llegado a la propiedad ésta debe anunciar su ingreso. Sin embargo, cuando exista una causa razonable para creer que la prueba está siendo destruida o que los mismos policías podrían estar en peligro si anunciasen su presencia, podrán ingresar sin anunciarse. Una vez que la policía ha ingresado a la propiedad, las personas que se encuentren adentro durante el transcurso del allanamiento serán detenidas. Si en la propiedad se hallasen materiales ilegales o los artículos que se buscan y existiese un principio de prueba para creer que las personas dentro de esa propiedad se encuentran involucradas en el delito en cuestión, éstas podrán ser arrestadas y acusadas de haber violado la ley penal.

En algunos casos, la policía podrá solicitar a los ciudadanos que *consientan* a ser registrados o a un allanamiento a su propiedad. Ninguna persona se encuentra obligada a otorgar tal consentimiento. Si una persona consiente a ser registrada o al allanamiento de su domicilio, se tratará de un allanamiento consensuado y para ello la policía no necesitará contar con una orden judicial.

En ocasiones se le solicita a la policía que use diferentes técnicas de vigilancia, las cuales consisten en intervenciones electrónicas. Este tipo de control se encuentra regulado por la normativa federal o estatal específica y, como principio general, la policía necesita contar con una orden judicial para poder llevar a cabo este tipo de actividades.

# Los derechos "Miranda"

Una de las resoluciones más notables de la Corte Suprema de los Estados Unidos con relación al procedimiento penal es la sentencia del caso *Miranda*. El caso *Miranda* involucra a la Quinta Enmienda de la Constitución de los Estados Unidos en relación a los derechos de un sospechoso de haber cometido un delito luego de que éste fuera arrestado por la policía. El caso *Miranda* propugna que el derecho derivado de la Quinta Enmienda contra la autoincriminación significa que una persona tiene el derecho a ser informada de su derecho a guardar silencio,

> ## Es la ley
> *Si el querellado ofrece información de manera voluntaria, no se aplican los derechos del caso* Miranda.

su derecho a un abogado y su derecho a concluir un interrogatorio policial comenzado luego de ser arrestada y antes de ser interrogada por la policía.

El caso *Miranda* no implica  necesariamente que estos derechos sean conferidos a todas las personas que son arrestadas. Con frecuencia, una persona es arrestada sin que la policía tenga intención alguna de formularle preguntas sobre la actividad delictiva alegada. Sin embargo, si la policía de a formularle preguntas sobre dicha actividad, en ese momento deben informar a la persona arrestada de los derechos *Miranda*. Si estos derechos no se informan y el querellado divulga información como consecuencia del interrogatorio policial, tal prueba podría no admitirse en la etapa probatoria. Si el querellado suministra información de manera espontánea, no habrá necesidad de cumplir con el requisito *Miranda* y, por lo tanto, tal prueba no se excluirá.

El alcance del caso *Miranda* ha sido modificado por diferentes tribunales y, por lo general, actualmente se aplica no sólo a aquellas personas que fueron arrestadas sino también a quienes se han convertido en el objeto de una investigación policial. Aún cuando no se ha arrestado al sospechoso, si éste se convierte en el objeto de una investigación policial y el interrogatorio es lo que se considera con *custodia*—llevado a cabo en el departamento de policía o en otro tipo de ambiente policial—la policía debe informar los derechos *Miranda* al sospechoso antes de iniciar el interrogatorio.

Un sospechoso o querellado puede renunciar al derecho contra la autoincriminación y es libre de relatarle a la policía su participación en actividades delictivas. Los oficiales de policía experimentados normalmente solicitan que tal renuncia se formule por escrito o que se registre, así no existen dudas respecto a la renuncia hecha a sabiendas y a la voluntad del querellado.

## Revisión judicial de los arrestos

Una vez que la persona ha sido arrestada y acusada por la policía, su caso será revisado por un fiscal o por un magistrado. Los *magistrados* son oficiales de la justicia que llevan a cabo algunas funciones del juez pero con menor autoridad que éstos. El propósito de hacer que un fiscal o un magistrado revisen el caso al comienzo del proceso es el de determinar si la policía cuenta con suficientes indicios para creer que la persona fue la autora del delito en cuestión. Si el magistrado o el fiscal determinan que existen suficientes indicios prueba, normalmente el caso pasará a la siguiente etapa.

Al inicio del proceso, el tribunal también fijará una *fianza*. La *fianza* es por lo general, determinada por el magistrado o el juez, que considera la seriedad del caso y las posibilidades de que el querellado se fugue y luego establece una suma de dinero que debe pagarse para asegurar la presencia del querellado en todas las audiencias posteriores. La fianza puede pagarse en efectivo o puede garantizarse en la forma de un gravamen sobre un bien inmueble. La mayoría de las veces, se paga prestando una *caución* redactada por el fiador.

Una caución emitida por un fiador es un tipo de póliza de seguro cuyo beneficiario es el tribunal. El querellado que obtiene la caución del fiador paga una prima por ella, que es normalmente un porcentaje del valor nominal de la caución. Si el querellado no se presenta a las siguientes actuaciones o audiencias judiciales, el fiador deberá pagar al tribunal el monto estipulado en la caución. El fiador por lo general, pagará a un tercero para que localice al querellado y lo regrese al tribunal para que el fiador pueda rescatar (recuperar) el dinero de la fianza.

La Octava Enmienda establece que *no se solicitará el pago de una fianza excesiva*. Este estándar es algo vago y, en efecto, el monto de la fianza que fijará el tribunal es una cuestión muy subjetiva.

## Fiscales

El *fiscal* es un empleado del gobierno responsable de procesar a los sospechosos. Los fiscales son abogados. De todos los funcionarios del gobierno con los que tenga que lidiar, los fiscales son probablemente, los que más autoridad tienen. Poseen absoluta discreción para decidir si un delito debe ser sometido a juicio o no. Si se comete un asesinato en su barrio y la policía ha arrestado a un sospechoso, el fiscal debe decidir si el caso pasará a la siguiente etapa o no. La decisión del fiscal local no es revisada ni fiscalizada por ningún otro oficial de un tribunal o empleado del gobierno. La única excepción a esta regla se da en el caso de que un delito local importa una cuestión federal (p. ej., la violación de una ley federal de derecho civil), en ese caso el fiscal federal del área decidirá si tal violación federal se someterá a juicio o no.

## Primera comparecencia ante el tribunal

En la primera etapa de un proceso penal el querellado será llevado al tribunal y se le leerán formalmente los cargos presentados por el gobierno en su contra. El tribunal solicitará al querellado que se declare culpable o inocente de los cargos en su contra. En esta etapa del proceso se supone que el querellado contará con un abogado, a no ser que haya renunciado a su derecho de ser representado por uno. Si el querellado no puede costear un abogado y cumple con los requerimientos legales locales para que le designen un asesor público, el tribunal le adjudicará un abogado para que lo represente en ese caso penal.

### Es la ley

*El juez tiene el control sobre qué condena se impone.*

## Declaración de inocencia o culpabilidad

En cualquier momento durante el proceso, el querellado puede declararse culpable de los cargos presentados en su contra. De la misma forma, en cualquier momento durante el proceso, el querellado o su abogado pueden negociar con el fiscal para determinar si es posible acordar una acusación menor con el gobierno. Si se consigue llegar a un acuerdo, dicho acuerdo transaccional se presenta al tribunal y concluye el proceso. Lo único que restaría hacer es imponer la condena que se haya acordado y aceptado por el tribunal o la que sea establecida por éste. El juez tiene la decisión final sobre qué condena se impondrá, sin perjuicio de los acuerdos celebrados entre los abogados.

## Procedimientos previos a la etapa probatoria

En la mayoría de los procesos penales, el querellado tiene derecho a comparecer a una *audiencia preliminar* en la cual todos o algunos de los testigos del proceso se presentarán para ofrecer su prueba y determinar si existe o no principio de prueba para respaldar el arresto llevado a cabo por la policía. Esta audiencia es normalmente presidida por un juez o un magistrado. La única cuestión a determinar en esta audiencia preliminar es la existencia del principio del prueba. Si no se verifica la existencia del principio de prueba, la siguiente etapa en el proceso será la presentación del caso ante un gran jurado.

Un *gran jurado* es un grupo de ciudadanos convocados por el tribunal para la revisión de casos penales presentados por el fiscal. Determinan, nuevamente, si existen suficientes indicios para creer que el querellado cometió el delito que se le imputa. El gran jurado puede decidir acusar o no acusar al querellado por ese delito penal. Suele decirse que el gran jurado es el sello de goma de la oficina del fiscal. Aunque el gran jurado esté compuesto por ciudadanos imparciales, este sólo oye una versión de la historia. La prueba que se presenta al gran jurado es seleccionada por el fiscal. La mayoría de las veces consta del testimonio de oficiales de policía. Los miembros del gran jurado no escuchan al querellado ni escuchan la otra versión de la historia. Como es de esperar, el gran jurado normalmente acepta las recomendaciones del fiscal y acusa al querellado por el delito que se le imputa.

## Delitos de mayor y de menor cuantía

Los delitos penales pueden caer dentro de dos categorías generales—delitos de mayor cuantía y delitos de menor cuantía. Un *delito de mayor cuantía* es un delito por el cual una persona puede ser encarcelada por más de un año. Un *delito de menor cuantía* es un delito por el cual una persona no puede ser encarcelada por más de un año. El proceso penal relativo a los delitos de menor cuantía puede diferir rotundamente del proceso penal aplicado a los delitos de mayor cuantía. El querellado acusado de un delito de mayor cuantía tendrá derecho a mayores protecciones y, como resultado, el procedimiento por un delito de mayor cuantía puede prolongarse bastante más que el procedimiento por un delito de menor cuantía. Es muy común que para una acusación de un delito de menor cuantía el querellante simplemente comparezca ante el tribunal en una sola oportunidad y que luego de que se le comunique su derecho a ser representado por un abogado, se someta el caso a juicio en esa misma instancia. La acusación por un delito de mayor cuantía puede, sin embargo, dar por resultado varias comparecencias ante el tribunal—en primer lugar para una audiencia para fijar el monto de la fianza, luego para un acuerdo, luego para la audiencia preliminar, luego para fijar una fecha de enjuiciamiento, más tarde por las peticiones previas al juicio y, finalmente, la comparecencia para el enjuiciamiento.

## Casos de tribunales de tránsito o contravenciones

Existe una tercera categoría de delitos penales llamados *contravenciones*. La mayoría de los delitos que caen dentro de esta categoría se relacionan con el tránsito, tal como el exceso de velocidad, y son tratados en el tribunal de tránsito.

Las infracciones de tránsito, aunque normalmente no se piense así, son en realidad delitos penales, ya que importan una posible sanción penal. Esa sanción penal puede consistir, simplemente, en una multa o, para las infracciones más graves,  en el arresto y la privación de libertad.

En la mayoría de las jurisdicciones las infracciones de tránsito son manejadas de manera afuncional, con un solo juez que tal vez preside cientos de audiencias en unas pocas horas. Por lo general, estos casos son presentados por un oficial de policía que simplemente comparece ante el juez y le explica lo que presenció o determinó basándose en su investigación. Si existen testigos involucrados, esos testigos podrán ser convocados a prestar una breve declaración de los hechos. Luego se le otorgará al querellado la oportunidad de explicar los acontecimientos si así lo desea. Sin embargo, el querellado no tiene obligación de testificar, ya que el derecho contra la autoincriminación conferido por la Quinta Enmienda sería aplicable en este proceso.

Si alguna vez se presentó ante un tribunal de tránsito o contravenciones, probablemente recordará haber visto a una multitud de policías en la sala. Esos oficiales de policía se encuentran allí para testificar en los casos en que hayan emitido multas o llevado a cabo arrestos. Si por alguna razón el oficial que emite la multa no se presentase al tribunal en esa fecha, el caso quedará desestimado por falta de procesamiento por parte del gobierno. De la misma manera, si existiese un testigo de la infracción de tránsito y éste fuese el único que pudiera establecer el caso del gobierno, el caso será desestimado si aquel testigo no se presenta a la audiencia de tránsito. Recordará que la carga o responsabilidad de probar su caso en un proceso penal recae sobre el gobierno. Esta carga se aplica también a un caso de tránsito. El gobierno debe presentar prueba independiente ya sea de un oficial de policía como de un testigo para establecer los hechos. Si el gobierno no consigue esto, no habrá cumplido con la carga de la prueba y, por lo tanto, la acusación será desestimada sin que el querellado deba testificar.

## Es la ley
*El grado de prueba permitido en un caso penal en general es limitado.*

En algunas jurisdicciones, los casos de infracciones de tránsito son manejados administrativamente y son presididos por un oficial de audiencias administrativo. Un *oficial de audiencias administrativo* es un tipo de cuasi juez que cuenta con algunas de las facultades de un juez pero no posee necesariamente el cargo ni viste una toga en la sala de audiencias.

## Etapa de diligencias investigativas extrajudicial

En algunos procesos penales se admite la *etapa probatoria extrajudicial* previa al juicio. La *etapa de diligencias investigativas extrajudicial* que se admite en un caso penal es considerablemente más limitada que la permitida en casos civiles. En un caso civil, la filosofía vigente es que es mejor revelar totalmente los hechos y probar por completo los puntos fuertes y débiles del caso de la otra parte para permitir que las partes tomen una decisión inteligente respecto de si debería llegarse a un acuerdo y, en ese caso, por cuánto dinero. En el ámbito del derecho penal, la filosofía vigente es que la prueba excesiva no sería algo positivo, ya que la información reunida por el querellado podría utilizarse para intimidar a los testigos y de alguna manera obstaculizar el sistema judicial penal. Es por esto que el grado de prueba permitido en un caso penal normalmente es limitado en comparación con aquel permitido en un caso civil.

## Derecho

Un derecho que existe en el contexto penal es el derecho contra la *autoincriminación*. La Quinta Enmienda establece que no se puede obligar a una persona a atestiguar contra sí misma. Dicho de manera más simple, una persona que es un sospechoso potencial en una investigación penal no puede ser obligada a testificar en su contra.

## Juicio por jurado

Según la Sexta Enmienda de la Constitución, el querellado tiene derecho a un *juicio por jurado*. El derecho a un juicio por jurado es limitado—podría no aplicarse a las *contravenciones*. Cualquier delito puede calificar como contravención si importa una sanción de posible encarcelamiento menor a seis meses. Muchos estados han ampliado este derecho y conceden el juicio por jurado a cualquier delito que importe un posible encarcelamiento. El derecho a un juicio por jurado es conferido a ambas partes en algunos estados. En otras palabras, no sólo el demandado tiene el derecho a solicitar un juicio por jurado sino que el gobierno también tiene el derecho a solicitarlo.

En la mayoría de las jurisdicciones, el jurado en un caso penal se encuentra conformado por doce miembros. En la mayoría de las jurisdicciones el veredicto debe ser unánime.

Las etapas para un juicio por jurado en un caso penal son muy parecidas a las anteriormente descritas para un caso civil. Cada parte tiene derecho a conducir un *examen previo* de los posibles jurados para determinar si existen miembros potenciales del jurado que puedan tener una inclinación o predisposición sobre el caso. Una vez seleccionado el jurado, el fiscal tiene derecho a formular un alegato inicial, seguido de un alegato inicial del querellado. Seguidamente el gobierno comienza la presentación de la prueba. Al finalizar el caso del gobierno, el querellado tendrá derecho a presentar una petición de desestimación del caso del gobierno fundada en que éste es insuficiente para justificar una sentencia condenatoria. Normalmente, si la petición se declara improcedente por el tribunal, el querellado tendrá derecho a presentar la prueba.

Una característica distintiva del juicio penal es que el gobierno no puede llamar al querellado al estrado. El querellado posee un derecho absoluto de no autoincriminación. Sólo el querellado puede tomar la decisión de testificar o no. Una vez que el querellado opta por testificar quedará sujeto al interrogatorio llevado a cabo por el fiscal.

## Derecho al careo

El querellado tiene el derecho a tener un careo con quienes lo acusan. Este *derecho al careo* significa que el querellado posee un derecho absoluto a presenciar el juicio. Si el querellado se comportara de forma escandalosa, se lo podrá disciplinar o reubicar en una sala distinta en la que pueda ver y oír los procedimientos sin interrumpirlos. Sin embargo, esa es una medida un tanto extraordinaria en un caso penal.

El derecho al careo también significa que la defensa cuenta con un amplio derecho en lo concerniente a interrogar a los testigos que declaran en contra del querellado. Asimismo, el derecho al careo restringe el derecho del gobierno a ofrecer como prueba declaraciones de personas que no testifiquen en el juicio. Por lo general, tales declaraciones se tipifican como testimonio de oídas y, por lo tanto, no se las podría admitir. En un caso penal los testimonios de oídas también son objetables, dado que pueden violar el derecho del querellado a confrontarse con quienes lo acusan.

## Estándar de prueba

El *estándar de prueba* en un caso penal es lo que se llama prueba más allá de toda duda razonable. La prueba *más allá de toda duda razonable* es un estándar aún mayor que la preponderancia de la prueba o el estándar claro y convincente. (Consulte el Capítulo 4) La prueba más allá de toda duda razonable no significa que el jurado deba estar absolutamente seguro de la culpabilidad del querellado, pero si un miembro del jurado tuviese una *duda razonable* respecto de la inocencia del querellado, ese miembro del jurado debería votar a favor de su inocencia. Dado que para los casos penales el veredicto requerido en la mayoría de las jurisdicciones debe ser unánime, un miembro del jurado con una duda razonable puede obstaculizar al jurado y evitar que el gobierno condene al querellado. Si las deliberaciones del jurado dan por resultado una votación de once a uno a favor de una condena (culpable), el tribunal normalmente declarará, a petición del gobierno, la nulidad del caso para que el gobierno vuelva a someterlo a juicio.

## Pronunciamiento de la sentencia

La etapa final de un caso penal es el pronunciamiento de la sentencia. El poder judicial federal, al igual que muchos estados, ahora se rige por *pautas para el pronunciamiento de la sentencia*. Estas pautas para el pronunciamiento de la sentencia son muy

detalladas y contienen fórmulas complejas que regulan los pará-
metros de una sentencia que el juez puede imponer al querellado
en relación con un delito específico. Dentro de estas pautas para
el pronunciamiento de la sentencia existen varios factores que
pueden ser considerados por el tribunal, incluidos a modo de
enumeración:

♦ los antecedentes penales del querellado;

♦ la colaboración del querellado con el gobierno respecto a la
investigación de otros delitos relacionados;

♦ el sentimiento de arrepentimiento del querellado luego de
haber sido condenado; y

♦ la naturaleza y la gravedad del delito en sí mismo.

El objetivo de estas pautas es eliminar las diferencias signifi-
cativas que pueden existir de un juez a otro en sentencias sobre
el mismo delito.

El poder judicial, en cierta medida, ha sido más bien crítico
respecto a la regulación de las sentencias, ya que esto restringe la
discreción del juez de manera significativa. Sin embargo, estas
pautas permiten alcanzar circunstancias excepcionales cuando
la sentencia impuesta se aleja del objetivo de las pautas. El objetivo de las pautas es admirable—eliminar las injusticias o diferencias abismales en el tratamiento que se da a los querellados
por un mismo delito. Pero como toda pauta, no son perfectas.

## Recurso de apelación

Luego de pronunciada la sentencia, el querellado tendrá
derecho a interponer un recurso de *apelación*. Hoy en día todos
los estados revisan las apelaciones. La procedencia de la revisión
de las apelaciones no puede estar
condicionada a la situación
financiera del querellado condenado. Si se requiere de una
transcripción del juicio para
interponer una apelación, el
gobierno debe proporcionársela
al querellado indigente. De igual

**Es la ley**

*Una vez que se ha declarado
inocente al querellado, el
gobierno no tendrá derecho
a apelar tal decisión.*

forma, el estado debe brindarle al demandado indigente asesoramiento sobre la apelación.

Una vez que se ha declarado inocente al querellado, el gobierno no tendrá derecho a apelar tal decisión. La lógica de este principio radica en que permitir las apelaciones por parte del gobierno esencialmente le daría lugar a potencialmente utilizar sus innumerables recursos para conseguir que el querellado desista.

## Cosa juzgada

La cláusula de *cosa juzgada* de la Quinta Enmienda establece que ninguna persona podrá ser juzgada dos veces por el mismo delito. Se considera que el riesgo aparece en los juicios por jurado una vez que los miembros del jurado han sido seleccionados y han prestado juramento. Sin embargo, esta prohibición de cosa juzgada es de alguna forma flexible. Esto es, si un juicio es anulado antes de que se acuerde el veredicto debido a la incapacidad del jurado para llegar a un veredicto unánime o por cualquier otra razón que no sea la conducta desleal por parte de la fiscalía, no se consideraría al nuevo juicio una violación a la cláusula de cosa juzgada. Además, la cosa juzgada sólo se aplica a la entidad gubernamental que presenta los cargos.

## Habeas Corpus

Luego del pronunciamiento de la sentencia y luego de agotadas todas las instancias de apelación, el querellado puede buscar otra vía para conseguir la revisión de su caso. Este recurso se denomina una petición de *habeas corpus*. La frase *habeas corpus* literalmente significa "usted tiene el cuerpo". Una petición de *habeas corpus* implica un pedido al tribunal para que éste obligue al gobierno a justificar o explicar lo que parecería ser una irregularidad durante el proceso del querellado. Es decir, un querellado que ha sido sometido a juicio en un tribunal estatal y declarado culpable puede apelar dicha condena en los tribunales superiores a través del sistema judicial estatal, por medio del tribunal de apelaciones intermedio, de existir uno en ese estado, y luego en el tribunal superior del mismo estado.

Una vez agotadas tales apelaciones, podrá presentar una petición de *habeas corpus* en un tribunal federal solicitando al juez federal que ordene a las autoridades del estado que demuestren por qué el querellado no debería ser puesto en libertad como resultado de lo que parecería ser una irregularidad en el proceso del tribunal del mismo estado. Aunque las peticiones de *habeas corpus* eran mucho más comunes años atrás, recientemente los tribunales han restringido de alguna forma los derechos de los querellados a procurar ese tipo de resarcimiento.

## La justicia penal en el sistema judicial federal

El procedimiento mediante el cual un caso penal se trata en los tribunales federales no difiere mucho de aquel arriba descrito para los tribunales estatales. Dentro del sistema judicial federal existe un conjunto de normas específicas denominado Normas Federales de Procedimiento Penal (Federal Rules of Criminal Procedure) que regulan el desarrollo de un caso penal. Dentro del sistema federal, el organismo de cumplimiento de la ley que inicia el proceso es un organismo federal de cumplimiento de la ley, como el FBI., el Servicio Secreto u otro organismo federal que no sea un departamento de policía local. Los casos tratados en el tribunal federal serán procesados por la administración del Procurador de los Estados Unidos que opere dentro de ese distrito federal. Los delitos cometidos en ese distrito federal serán sometidos a juicio en el Tribunal de Distrito de los Estados Unidos que tenga competencia en el mismo distrito federal y estarán sujetos a una apelación en el Tribunal de Apelaciones de Circuito competente en ese distrito federal.

# Capítulo seis

# Derecho penal y delitos específicos

La característica distintiva del derecho penal es la presencia de la pena y su objeto consiste en penar o castigar a quienes violan la ley. Si una persona es acusada de haber cometido un delito y posteriormente se la condena por ese delito, esa persona recibirá una determinada pena. Esta característica es abismalmente diferente al propósito del derecho civil. Por lo general, en el derecho civil se busca indemnizar a una persona por los daños sufridos o reparar un perjuicio. Por el contrario, en el ámbito del derecho penal, la víctima no siempre recibe una compensación; el énfasis está puesto en el castigo del infractor. Desde el punto de vista del sistema de justicia penal, la finalidad de la pena consiste en rehabilitar al delincuente, evitar que cometa nuevos ilícitos, crear un sistema de elementos disuasivos para potenciales infractores y, por último, generar una retribución o castigo por el delito cometido.

Si bien la mayoría de los procesos penales se inician contra personas físicas, existen ciertos tipos de delitos que pueden atribuirse a personas jurídicas. Estos delitos se denominan delitos financieros, entre los que se encuentran el fraude y otras operaciones financieras.

La pena máxima permitida en el sistema penal estadounidense es la *pena de muerte*. Esta pena se reserva para los delitos más aberrantes.

## Asesinato

Las novelas policíacas generalmente giran alrededor de un asesinato u homicidio calificado. Existen diferentes grados de asesinato. El homicidio premeditado, voluntario y deliberado de una persona se denomina *asesinato en primer grado* o *asesinato capital*.

En la mayoría de las jurisdicciones, aquella persona que causa la muerte a otra con el propósito que infligirle lesiones graves reúne la intención criminal necesaria como para ser condenado por asesinato. En aquellas jurisdicciones en donde se distinguen tres grados diferentes de asesinato, este supuesto generalmente encuadra dentro del *asesinato en segundo grado*. La premeditación distingue al asesinato en primer grado del asesinato en segundo grado.

**Ejemplo:** *Si Raúl tiene la intención de matar a alguien, y de hecho lo hace (conservando la intención de matar), estaremos ante la presencia de un asesinato en primer grado. Si, por otro lado, Raúl mata a una persona en una riña y no existe premeditación, este hecho podría considerarse un asesinato en segundo grado. Si, como consecuencia de su negligencia, Raúl mata a una persona, el hecho podría tratarse de un homicidio culposo.*

El asesinato preterintencional tiene lugar cuando, durante la comisión de un delito mayor, se produce una muerte. Un delito mayor es un delito que acarrea una pena de prisión superior a un año. Un delito menor es un delito que acarrea una pena de hasta un año de prisión. Muchas jurisdicciones tienen en cuenta cuál es el tipo de delito mayor que se comete al momento de clasificar el asesinato preterintencional como un asesinato de primero o segundo grado.

En muchas jurisdicciones existe una regla denominada *regla de un año y un día*. Según esta regla, la muerte de una persona sólo podrá atribuirse a la conducta ilícita del acusado cuando aquella ocurre dentro de un período de un año y un día a partir de la mencionada conducta. Por lo tanto, si la muerte se produce un año y dos días después de la conducta ilícita, no podrá imputarse al acusado el delito de asesinato.

# Delitos contra las personas y delitos sin víctimas

El asesinato es el delito más grave que puede cometerse contra una persona. Sin embargo, existen otros delitos contra las personas, como por ejemplo los delitos de lesiones, agresión, mutilación, violación, secuestro y robo. El *secuestro* es la privación ilegítima de la libertad de una persona a efectos de solicitar, en la mayoría de los casos, el pago de un rescate. El *robo* es el apoderamiento ilegítimo de bienes que estuvieran bajo control ajeno. No debe confundirse con el *allanamiento delictivo*, que implica un ingreso ilícito en un inmueble con el objeto de obtener bienes o cometer algún otro delito. Por su parte, la *violación* es el acceso carnal a través de la fuerza.

Además de estos delitos contra las personas, existe un grupo de delitos denominados *sin víctimas*. Quienes consideran que todos los delitos tienen víctimas, sea su autor o un tercero, cuestionan el uso de la expresión *sin víctimas*. A veces los delitos de prostitución, consumo habitual de estupefacientes y obscenidad son considerados delitos sin víctimas.

## Delitos contra la propiedad

Existen además delitos que se encuadran dentro de los denominados delitos contra la propiedad. El *hurto* es un delito contra la propiedad que implica el apoderamiento de un bien mueble de valor de un tercero con la intención de privarlo de forma permanente de su propiedad. La diferencia entre hurto y *robo* radica en que en el caso del primero la víctima no tiene control directo sobre el bien.

*Ejemplo: Si Beilarosa entra en una tienda, toma un abrigo de un estante y deja el lugar con la intención de no pagar el abrigo, estamos en presencia de un hurto. Si, por el contrario, le arrebata el abrigo a Yolanda en la calle y huye, estamos en presencia de un robo.*

*La malversación de fondos* es un delito contra la propiedad que implica la apropiación fraudulenta de un bien ajeno por parte de quien lo tiene legítimamente en su poder. Si un empleado retira dinero de la caja y lo utiliza con fines personales, esa persona estaría cometiendo el delito de malversación de fondos. La malversación de fondos generalmente se aplica a personas a quienes se les han confiado bienes ajenos y tienen acceso al dinero o propiedad de otras.

La *maniobra dolosa* es otro delito contra la propiedad. La maniobra dolosa puede definirse como la adquisición de un derecho sobre un bien en virtud de una declaración falsa, realizada a sabiendas de su falsedad o bien de manera imprudente, acerca de un hecho actual de apreciación pecuniaria con el que se pretenda, y se logre en la realidad, defraudar a la víctima. La maniobra dolosa es muy similar al fraude civil.

La *falsificación* constituye otro delito contra la propiedad. Los instrumentos que se falsifican con mayor frecuencia son los cheques. Si una persona no tiene fondos suficientes en su cuenta y gira un cheque contra esa cuenta, no estaremos en la presencia de una falsificación. El cheque es auténtico. La falsificación implica la confección o alteración de un instrumento de importancia jurídica (como, por ejemplo, un cheque) con la intención de defraudar.

*El delito de puesta en circulación* guarda relación con la falsificación. Este delito consiste en poner o intentar poner en circulación un instrumento a sabiendas de su falsedad. Es un caso similar al de otorgar un cheque sin fondos. Si una persona libra un cheque contra una cuenta a sabiendas de que no dispone de los fondos suficientes, no estaremos ante el delito de puesta en circulación, sino que sería un caso de cheque sin fondos. En inglés se conoce este delito con el nombre de uttering (que significa pronunciación) ya que es necesario pronunciar ciertas palabras para poner el documento en circulación.

La *recepción de bienes robados* constituye otro delito contra la propiedad. Para que se configure este delito, es preciso que el receptor de los bienes robados sepa o crea que los bienes son robados.

La *extorsión* es un delito contra la propiedad que consiste en realizar amenazas con el objeto de obtener dinero u otros bienes. Si A amenaza con revelar que B es un mujeriego si este no le entrega mil dólares estadounidenses, podríamos estar ante un caso de extorsión.

*El allanamiento delictivo* constituye otro delito contra la propiedad. Este delito consiste en ingresar en un inmueble ajeno con la intención de cometer un delito. Normalmente el delito que se busca cometer es el delito de hurto, es decir la extracción de un bien del inmueble.

Además de los mencionados, existen numerosos delitos contra la propiedad.

# Intención criminal

La *intención criminal* o *mens rea* constituye un elemento esencial del delito. Los diferentes delitos requieren para su conformación distintos grados de intención criminal. Los tribunales abordaron este tema de diferentes maneras. Existe una distinción habitual, si bien algo confusa, entre la intención específica y la intención general. Un delito de *intención específica* requiere para su configuración una intención particular.

> ## Es la ley
> *Los diferentes delitos requieren para su conformación distintos grados de intención criminal.*

Por ejemplo, en un asesinato de primer grado debe existir premeditación, es decir, una intención específica de matar. En un asesinato de segundo grado, sin embargo, no es necesaria la presencia de esta intención específica. Basta con que exista una *intención general*. Si una persona dispara un arma contra un grupo de personas, sin intención de matar a nadie en particular, podrá ser condenada por el delito de asesinato en segundo grado por haber actuado temerariamente.

Otro aspecto de la intención criminal es la denominada *intención desplazada*. Este tipo de intención criminal tiene lugar cuando una persona quiere infligir un daño a una víctima en particular pero se lo inflige a un tercero.

*Ejemplo:* *Tomás le arroja una piedra a una persona y, en lugar de golpear a esa persona, la piedra golpea a su vecino. En este caso Tomás podría ser condenado por lesiones aunque su intención no era la de golpear al vecino. Se considera que la intención se desplazó desde la persona a quien la piedra estaba dirigida hacia su vecino.*

## Responsabilidad objetiva y responsabilidad indirecta

En el capítulo de ilícitos civiles se discutieron los conceptos de responsabilidad objetiva y responsabilidad indirecta. En cierta medida, estos conceptos también se encuentran reconocidos en el ámbito del derecho penal. La *responsabilidad objetiva* tiene lugar cuando una persona es condenada por la mera comisión de un hecho prohibido por la ley. Un ejemplo habitual de responsabilidad objetiva es una infracción de tránsito. Si una persona no respeta una señal de alto, no se tiene en cuenta su intención. El mero hecho de no detenerse lo hace culpable de una infracción.

La *responsabilidad indirecta* interesa al derecho penal cuando la conducta de una persona puede atribuirse a otra.

*Ejemplo: Delfina es dueña de un restaurante y uno de sus empleados le vende alcohol a un menor de edad; en este caso Delfina podría ser responsable en virtud de las leyes locales de expendio de bebidas.*

## Tentativa

La mera tentativa de cometer un delito puede ser considerada un delito en sí. La tentativa generalmente implica una intención específica. Por ejemplo, la tentativa de asesinato conlleva la intención específica de matar. Si, por el contrario, una persona solamente tiene la intención de causar lesiones graves, no podrá ser condenada por tentativa de asesinato. Debido a que la tentativa requiere una intención criminal especifica, no es posible que aquella se refiera a un delito que por definición no puede cometerse de manera intencional. Por ejemplo, no puede hablarse de tentativa de homicidio culposo ya que este sólo puede ejecutarse *involuntariamente*.

## Instigación

La *instigación* constituye otro tipo de conducta delictiva. La instigación implica una intención específica de realizar un tipo particular de conducta criminal. Si una persona le ofrece a otra la suma de US$ 50.000 para que mate a su socio, estaremos en presencia de una instigación.

# Cómplices

El derecho reconoce la existencia de *autores* y *cómplices* dentro de la actividad delictiva. El conductor del vehículo utilizado para la fuga en un robo a un banco que no ingresa a la institución es cómplice del delito. Probablemente recibirá la misma pena que los autores del delito, que sí ingresaron al banco. Asimismo, podrá considerarse cómplice del delito a aquella persona que, si bien no se encuentra en la escena del crimen, ayuda a los autores del delito a conseguir el vehículo para la huida, a sabiendas de su destino. En este contexto, es probable que el cómplice no reciba la misma pena que el autor principal.

También podrá considerarse cómplice del delito aquella persona que ayude a los ladrones a eludir a la fuerza policial. En este caso, estaríamos en presencia de un *encubridor*. En este caso, el encubridor tampoco recibiría la misma pena que los autores principales.

Existen casos más dudosos en los que una persona está presente en el momento del delito en circunstancias que hacen sospechar su conformidad con el hecho. Por lo general, esto no es suficiente para condenar a una persona por la comisión de un delito. Una excepción a este principio lo constituyen los casos en los que el acusado tiene el deber de actuar.

*Ejemplo:* *Si un hombre se mantiene al margen mientras su hijo menor de edad ataca a un tercero, este hombre—por lo menos en algunos estados—podrá ser condenado por la comisión de un delito.*

# Conspiración

En los últimos años, los fiscales han incrementado el número de acciones penales iniciadas contra personas que forman parte de una conspiración. Una *conspiración* es un acuerdo entre dos o más personas para cometer un hecho ilícito o cometer un hecho lícito de una manera ilícita, sumado a un hecho concreto por parte de una o más personas en respaldo de esta conspiración. En un caso de conspiración, el acuerdo en sí es el *acto ilícito* y la intención de cometer ese acto constituye la *intención criminal*.

Supongamos que dos personas deciden robar un banco. El mero acuerdo no constituye una conspiración. Sin embargo, si una de las personas compra un arma para usar en el robo, en ese mismo momento esa persona estaría cometiendo un acto jurídico, por lo que podría ser condenada por el delito de conspiración.

# Defensas

Existen varias defensas que pueden presentarse en una acción penal.

## Locura o demencia

Una de las defensas más difundidas es la defensa de *locura*. Los estados han adoptado diferentes normas para determinar el grado de locura de una persona.

Algunos estados adoptaron un criterio denominado la *regla M'Naghten*, que implica determinar si el autor del delito era capaz de distinguir el bien del mal. Otros estados adoptaron el criterio del *impulso irresistible* que puede aplicarse cuando el acusado sabía que estaba obrando mal, pero su estado mental le impidió controlar su conducta, es decir, un impulso irresistible lo llevó a poner en práctica esa conducta.

Hace algunos años, el Distrito de Columbia adoptó el *criterio Durham*. Este criterio establece que el acusado no es penalmente responsable cuando su acción antijurídica fue producto de una enfermedad o discapacidad mental. Generalmente este tipo de defensas por locura son objeto de controversia y requieren el dictamen de peritos psiquiatras u otros profesionales de la salud mental.

## Intoxicación

Otra defensa que puede interponerse es la defensa de *intoxicación*. Cuando un delito requiere para su configuración una intención específica, una persona bajo los efectos del alcohol u otras sustancias psicotrópicas puede ser incapaz de formar esa intención.

## Coacción

La *coacción* tiene lugar cuando existe algún tipo de violencia. El cajero de un banco que entrega el dinero a un ladrón actúa bajo coacción y por lo tanto no es culpable del delito de hurto al retirar el dinero de la caja. Se lo coacciona para que entregue el dinero.

## Estado de necesidad

Una mujer que se ve amenazada de sufrir una agresión sexual y entra en la casa de un vecino para refugiarse no es culpable del delito de allanamiento delictivo ya que su conducta está amparada en el *estado de necesidad*. Sólo buscaba un lugar seguro.

## Instigación de una autoridad pública a cometer un delito

La defensa de la *instigación* es mucho más compleja. Su propósito es evitar que las autoridades estatales "fabriquen" un delito.

Un agente encubierto que ofrece comprarle estupefacientes a una persona que se cree que es un narcotraficante no es culpable de instigación. Sin embargo, si un agente encubierto ejerce una gran presión sobre un sospechoso para que le venda estupefacientes luego de establecer una

> ## Es la ley
> *El propósito de la defensa de instigación es evitar que las autoridades estatales "fabriquen" un delito.*

relación de amistad de la que se vale para convencerlo de esto, probablemente será culpable de instigación.

## Imprecisión de una norma

Otra defensa que puede interponerse para determinados delitos es la defensa de *imprecisión*. La Constitución de los Estados Unidos establece la prohibición de penar a una persona en virtud de una ley que es demasiado imprecisa para su comprensión. Las leyes deben ser lo suficientemente claras para que una persona razonable pueda discernir qué conductas están prohibidas; asimismo, las leyes deben ser lo suficientemente claras para evitar una aplicación arbitraria por parte de la policía. A través de los años, las leyes de *merodeo* han sido objeto de análisis para evitar su imprecisión. Por ejemplo, puede cuestionarse, debido a su imprecisión, la constitucionalidad de una ley que prohíba la permanencia de las personas en una calle pública en cualquier momento.

## Legítima defensa

La defensa primordial ante un delito contra las personas es la *legítima defensa*. Como regla general, una persona está autorizada a utilizar toda la fuerza que sea razonablemente necesaria para evitar un daño inmediato e ilícito contra su persona. Algunas jurisdicciones adoptaron la *regla del refugio*, que obliga a una persona que puede refugiarse sin correr riesgos a hacerlo antes de ejercer una fuerza mortífera.

Por lo general, la defensa de legítima defensa autoriza a una persona a emplear una fuerza razonable que no sea susceptible de producir la muerte para resistirse a un arresto ilegal. Sin embargo, en la práctica, resistirse a un arresto ilegal es una maniobra riesgosa ya que puede causarle al acusado un daño físico más grave.

## Protección de la propiedad

Una defensa similar en el ámbito de los delitos contra la propiedad es la defensa de *protección de la propiedad*. Por regla general, una persona puede utilizar cualquier tipo de fuerza, con excepción de la mortífera, que fuera razonablemente necesaria para proteger sus bienes. Un típico ejemplo es el de un propietario que colocó en su casa una trampa que accionó una escopeta cuando un ladrón entró por la puerta principal. Como esta trampa se dispara de manera automática, cualquier persona que ingrese en la casa corre un riesgo. Y como el valor de la vida humana es mayor que el de los bienes, el propietario no podrá alegar la defensa de protección de la propiedad si una persona muriera al ingresar a su casa.

# Capítulo siete

# Derecho de menores

En los Estados Unidos, algunos abogados y miembros de las fuerzas de seguridad denominan a los tribunales de menores *Kiddie Courts* (tribunales de niños). Sin embargo, en algunas jurisdicciones, el tribunal de menores atiende cuestiones que exceden lo que su nombre parecería indicar. De esta manera, puede ser un tipo específico de tribunal de familia en el que se resuelven todo tipo de cuestiones relativas al derecho de familia. El presente capítulo no se ocupará de este tipo de cuestiones (consulte el Capítulo 12), sino que tratará aspectos concernientes a la justicia de menores.

El fundamento en que se basa el sistema de los tribunales de menores en los Estados Unidos reside en el hecho de que, al ser estos niños menores de edad, deben recibir un trato diferente al de los mayores. En algunas jurisdicciones, los delitos cometidos por menores ni siquiera reciben el nombre de delitos penales. En la mayoría de las jurisdicciones, las actuaciones de los procesos de menores son estrictamente confidenciales. Así, se prohíbe el acceso público a éstas incluso mediante una *cédula de citación de testigo* u otra forma de interrogación. Un menor arrestado y procesado mediante el tribunal de menores no está obligado a divulgar su delito en una solicitud de empleo u otro tipo de interrogación salvo que este dato se le pregunte expresamente, ya que la interrogación no estará sujeta a confirmación pública.

> **Es la ley**
> *Un menor arrestado y procesado mediante el sistema de los tribunales de menores no está obligado a divulgar su delito en una solicitud de empleo.*

Los procedimientos que tramitan en los tribunales de menores son conducidos por un juez sin la presencia de un jurado. Sin embargo, en ciertos tipos de delitos, el menor puede ser juzgado en un tribunal de adultos con todas las consecuencias que ello acarrea. (Este tratamiento generalmente se limita a los delitos más graves).

En los tribunales de menores los delitos se manejan de una manera más informal. Podría haber un fiscal presente en el tribunal. El fiscal puede representar los intereses del gobierno o de la víctima. El fiscal puede presentar pruebas ante el juez, quien con posterioridad escucha a la defensa y emite un fallo. El fallo normalmente consiste en determinar si el menor está *implicado*, y en ese caso, podrá aplicársele una pena. La pena podrá ser una multa, la prestación de servicios comunitarios, o, en circunstancias más graves, la internación en un instituto de menores por un período determinado.

La finalidad del tribunal de menores es instruir y rehabilitar: instruir al menor en cuanto al error de su accionar y ayudarlo a rehabilitarse. Esta finalidad es abismalmente opuesta a la del sistema de los tribunales de adultos, que, si bien puede tener un elemento de rehabilitación, están más orientados a la determinación de culpabilidad o inocencia y al castigo del culpable.

## Derechos de los adolescentes

Los adolescentes menores de 18 años son ciudadanos, y por ende —al menos en teoría— cuentan con muchos de los derechos que tienen los ciudadanos adultos. Sin embargo, en la mayoría de los estados, se considera que los menores son incapaces de hecho, lo que implica que no pueden celebrar contratos y que se encuentran, en gran medida, bajo el control de sus padres. Pero esto no significa que sus derechos puedan menoscabarse. Por ejemplo, en lo concerniente a las actividades escolares, los menores cuentan con ciertos derechos relativos al debido proceso. Así, deberán ser informados de las acusaciones formuladas en su contra y tendrán el derecho de defenderse a través de una especie de audiencia. La Corte Suprema de los Estados Unidos manifestó que las instituciones educativas tienen amplias facultades para mantener la disciplina y el decoro adecuados en sus establecimientos. Por lo tanto, el derecho a la privacidad con el que cuentan los alumnos en sus hogares no necesariamente se aplica en las instituciones educativas públicas.

**Ejemplo:** *Un alumno guarda drogas en su armario, pero probablemente no cuenta con el derecho a la privacidad sobre ese armario. El armario no es de su propiedad, sino que es un bien público, y al guardar drogas allí está violando la ley. Es por ello que las autoridades del colegio pueden abrir el armario sin su consentimiento si lo desean.*

Siguiendo con el mismo ejemplo, un docente acusa al alumno de guardar drogas en su armario sin tener pruebas de ello. ¿Es adecuado incluir esta acusación en el legajo del alumno? Probablemente no lo sea, y como mínimo el alumno debería tener ciertos derechos relativos al debido proceso que incluyan el derecho a conocer la acusación en su contra y el derecho a ser oído con relación a esta acusación. En este ejemplo en particular, el alumno tendría el derecho de conocer el contenido de la acusación del docente y el derecho a presentarse ante el director u otra autoridad competente para explicar por qué esa afirmación es falsa.

## Licencia de conducir
Todos los adolescentes tienen interés en adquirir una licencia de conducir. Muchos creen que tienen el derecho a obtenerla. Sin embargo, nadie cuenta con el derecho a una licencia de conducir ya que, más que un derecho, consiste en un privilegio. El estado puede retirar la licencia a su titular sobre la base de infracciones. En el caso de los menores, la mayoría de los estados imponen estrictos requisitos que se traducen en la obligatoriedad de un curso de educación vial y la conducción bajo la supervisión de un conductor adulto durante un plazo determinado antes del otorgamiento de la licencia. Una vez emitida la licencia, suele existir un período de prueba durante el cual, ante una infracción grave, la licencia puede ser revocada. En este sentido, los menores reciben un tratamiento distinto al de los mayores de edad.

## Responsabilidad de los padres

La mayoría de los estados regulan la responsabilidad de los padres por los hechos de sus hijos menores. En muchos estados se aprobaron leyes que imponen a los padres la responsabilidad por los actos ilícitos de sus hijos que generan daños en los bienes ajenos. Por ejemplo, si un menor arroja huevos en la casa del vecino, y este hecho ocasiona un daño a la propiedad, sus padres podrán ser responsables de los daños y perjuicios correspondientes. Sin embargo, estas leyes suelen fijar un monto máximo expresado en dólares para limitar la responsabilidad de los padres por los hechos de sus hijos menores.

# Capítulo ocho

# Jurados: régimen aplicable

Todos los ciudadanos tienen la obligación de actuar como miembros de un jurado si reciben una citación a tal efecto. Esta citación puede provenir de un tribunal estatal o federal. La forma de elección de los jurados varía en las diferentes jurisdicciones. En algunas jurisdicciones la selección se efectúa sobre la base de los registros del Departamento de tránsito, del registro de la propiedad y del padrón electoral. En otras jurisdicciones, sólo se utilizan una o dos de las listas mencionadas.

Jueces y abogados han debatido durante muchos años las ventajas y desventajas de los métodos de selección de los miembros del jurado. La mayoría de los jueces probablemente opina que los jurados deben ser seleccionados de las listas de los padrones electorales y del registro de la propiedad, ya que esto produciría un grupo de candidatos más involucrados en las cuestiones comunitarias. Es posible que aquellas personas que figuran en las listas del Departamento de tránsito como conductores matriculados pero que no son votantes ni propietarios se encuentren menos involucrados en los asuntos de la comunidad. Las ventajas y desventajas de cada método dependerán del punto de vista con que se las mire.

En cualquier caso, si se convoca a una persona para que actúe como jurado, esta deberá responder, salvo que se encuentre sujeto a las exenciones aplicables en su jurisdicción. En los últimos años, el número de exenciones aplicables se ha reducido en la mayoría de los estados. Solía ocurrir que las exenciones eran tan amplias que frecuentemente las únicas candidatas para integrar el jurado eran amas de casa. De ninguna manera se pretende poner en duda la capacidad de las amas de casa para decidir un litigio, pero la finalidad de un juicio por jurado es garantizar que sean los pares quienes diriman la cuestión. Esta finalidad no se logra si el jurado se limita a un reducido segmento de la comunidad.

La persona citada para servir como miembro de un jurado tendrá la oportunidad de manifestar los problemas que esta actuación pueda generarle. Sin embargo, en la mayoría de los casos, salvo que el motivo sea extremadamente grave y pueda considerarse prácticamente una emergencia, el tribunal rechazará los argumentos esgrimidos para no participar.

La selección inicial de candidatos se realiza por sorteo. Un grupo de candidatos será trasladado a un tribunal específico asignado a un juez que oirá una determinada causa. Una vez en el tribunal, podrán formularse a los candidatos ciertas preguntas preliminares orientadas a determinar si existen elementos que los inhabiliten para desempeñar su tarea en el jurado. Luego los abogados (o, en algunos casos, el juez) tendrán la oportunidad de llevar a cabo el proceso de selección denominado *voir dire*, por medio del cual se interroga a los candidatos para determinar si presentan alguna parcialidad o interés particular con respecto al resultado del juicio. Las personas que cuenten con estas características podrán ser relevadas de su tarea. (Para más información, consulte el Capítulo 4).

Si el proceso judicial va a extenderse por varios días, pueden además elegirse jurados suplentes. Generalmente, los miembros del jurado no sabrán en un principio quiénes serán titulares y quiénes suplentes, ya que si una persona sabe que es suplente, su nivel de atención en la causa podría disminuir. Una vez presentada la prueba y concluidos los alegatos, los jurados suplentes quedan relevados de su cargo.

### Es la ley

*Algunos jueces permiten que los jurados tomen notas; otros, no.*

Un dilema que se presenta con frecuencia es si los jurados están autorizados a tomar apuntes o realizar preguntas durante el desarrollo del proceso. Esta cuestión

queda  librada al criterio de cada juez y puede variar radicalmente en los diferentes estados y tribunales. Algunos jueces
permiten que los jurados tomen apuntes; otros, no. Algunos
jueces permiten que los jurados realicen preguntas; otros, no.

El fundamento de los juicios por jurado es el siguiente: como
las partes no pueden resolver por sí mismas el conflicto específico
que llevaron a la justicia, la mejor manera de hacerlo es a través
de un grupo de personas imparciales que reciban las pruebas (de
manera objetiva) y luego diriman la cuestión con imparcialidad,
basándose solamente en las pruebas presentadas ante ellas en el
tribunal. Los abogados litigantes sostienen que los juicios por
jurado son el instrumento más apropiado para equiparar a las
partes. El ciudadano más pobre del país puede demandar a la
empresa más poderosa, pero al comparecer ante un jurado,
ambas partes son iguales. El jurado debe tratar a todas las partes
con el mismo respeto y atención.

# Capítulo nueve

# Testigos: régimen aplicable

Las partes de un proceso civil o penal tienen la facultad de solicitar la citación de testigos. La facultad de citar a testigos es un derecho constitucional fundamental, ya que los testigos representan la forma primordial de presentación de pruebas. Si las partes no estuvieran autorizadas para presentar testigos, no podrían presentar las pruebas que respalden sus argumentos. La citación es el instrumento a través del cual se obliga a los testigos a comparecer ante el tribunal. Esta citación se denomina en el derecho anglosajón *subpoena*, cuyo significado literal es *bajo pena*.

La citación es una orden judicial dirigida a una persona para que comparezca en un determinado lugar y momento a efectos de prestar una declaración testifical. La citación podrá requerir que una persona comparezca en el juicio o en una audiencia de declaración testifical. (La *declaración testifical* es un medio de prueba que tiene lugar en la mayoría de los procesos civiles, por medio del cual los abogados tienen la posibilidad de preguntar a los testigos qué saben acerca de un acontecimiento específico que guarda relación con el proceso).

La cédula de citación generalmente indica el nombre, la dirección y el número de teléfono del abogado que solicitó la comparecencia de la persona citada. Es aconsejable llamar al abogado para averiguar el motivo de la citación. Si la fecha y hora de la

> ## Es la ley
> *La citación es una orden judicial dirigida a una persona para que comparezca en un determinado lugar y momento a efectos de prestar una declaración testimonial.*

citación no resultan convenientes para la persona citada, es aconsejable averiguar si existe la posibilidad de modificarlas. Si el abogado responde que la fecha y hora no pueden cambiarse, y la persona citada no puede comparecer, ésta deberá informar de inmediato su situación al tribunal para que pueda resolver esta cuestión.

Cuando una persona es citada a comparecer en un juicio o a una declaración, las normas locales del tribunal podrán disponer que el abogado desembolse una suma de dinero que cubra los gastos del viaje y el tiempo de ausencia en el empleo. Estas cuestiones están reguladas por ley y es recomendable que la persona citada se informe respecto a esta normatividad.

A veces los testigos solicitan formular preguntas durante el desarrollo del proceso. Por lo general la respuesta es negativa. La persona fue citada para brindar información y no para realizar sus propias investigaciones. Sin embargo, ello no impide que durante su declaración esta persona pueda formular una pregunta. Si al testigo se le ocurre una pregunta de *buena fe*, es aconsejable que la realice. La pregunta podrá ser respondida o bien se le informará al testigo que su pregunta no podrá ser respondida.

La finalidad de que una persona comparezca y declare consiste en que ésta responda preguntas específicas realizadas por los abogados, las partes o el tribunal. Una vez que finalice esta serie de preguntas, el testigo podrá retirarse y proseguir con su vida normal. En algunos casos, después que el testigo termina de declarar, el juez puede ordenarle que permanezca en la sala porque podría ser llamado a declarar nuevamente. Si esto representa un problema para el testigo debido a compromisos asumidos con anterioridad, debe informar de inmediato al tribunal sobre aquello a fin de que este se expida al respecto. La mayoría de los jueces y abogados están dispuestos a colaborar con los testigos a efectos de no complicar sus rutinas diarias. Sin embargo, debe ser el testigo quien informe estas cuestiones al tribunal y a los abogados.

# Tercera Sección

*Áreas del derecho*

# Capítulo diez

# Contratos

Los acuerdos forman parte de la vida cotidiana. Esta sección se ocupa de su tratamiento.

Los acuerdos realizados entre las personas generalmente se denominan contratos, pero existen algunas variaciones en lo que a esto respecta. Entre ellos se encuentran los contratos de trabajo y las convenciones matrimoniales; los alquileres también son contratos, así como los acuerdos celebrados con acreedores.

Los primeros dos capítulos de esta sección versan sobre los derechos derivados de los contratos y de los ilícitos civiles. Esta es una introducción a los capítulos siguientes, que se ocupan de áreas específicas en las que se aplican los principios relativos a los contratos y actos ilícitos civiles.

Un *contrato* es un acuerdo de voluntades entre dos personas que consiste en practicar un acto o no a cambio de una contraprestación. Existen distintas formas de contratos. Un contrato puede ser *implícito* como consecuencia de la conducta de las partes. Por otro lado, los contratos pueden ser *expresos*, lo que significa que las partes han declarado de manera expresa sus intenciones y lo que esperan

## Es la ley
*Un contrato puede ser escrito u oral.*

obtener de este acuerdo. Un contrato expreso puede ser escrito u oral. En la mayoría de los casos puede exigirse el cumplimiento de cualquier tipo de contrato, si bien siempre es conveniente celebrarlo por escrito ya que de esta forma se exponen claramente las cláusulas acordadas. En cambio, un contrato oral siempre es objeto de controversias, dado que las partes pueden tener distintas versiones de su contenido.

Hay quienes clasifican a los contratos en *unilaterales* o *bilaterales*. Un contrato *unilateral* puede pensarse como aquel en que la oferta puede aceptarse a través de la mera realización de un acto. Por ejemplo, si una persona ofrece una recompensa de US$ 100 a quien encuentre su gato, tal oferta se considerará aceptada con la entrega del animal.

Por otro lado, un contrato *bilateral* es aquel en virtud del cual la asunción de una obligación constituye la contraprestación del contrato. La mayor parte de los contratos son bilaterales. Por ejemplo, una persona se obliga a comprar un automóvil por US$ 100. Esta persona contrajo una obligación (el pago de US$ 100) mientras que el dueño del automóvil contrajo otra (la venta del vehículo).

## Oferta y aceptación

Por lo general, un contrato se celebra cuando una de las partes formula una *oferta* y la otra *acepta* esa oferta.

*Ejemplo:* *Si José le envía una carta a una persona en la que ofrece sus servicios para pintar su casa en un período determinado a cambio de cien dólares, y a su vez esta persona escribe al pie de la carta que acepta las condiciones propuestas y se la vuelve a enviar a José, esta carta constituye un contrato por escrito. La oferta toma la forma de una carta. La aceptación toma la forma de la respuesta a la carta. La contraprestación por los servicios prestados es el pago de los cien dólares.*

La oferta puede ser escrita u oral. Cuanto más precisos sean los términos de la oferta, más fácil será determinar la certeza del contrato. Un ejemplo típico de oferta es un aviso en un periódico en el que un concesionario de autos ofrece un Toyota Camry por US$ 17.500.

Supongamos que una persona ve el aviso y va a la concesionaria dispuesta a pagar la suma solicitada. Si el concesionario le dice que existen otras cláusulas que no estaban incluidas en el aviso (gastos de tramitación, gastos administrativos, etc.), esta persona tiene el derecho a decirle al concesionario que este había ofrecido vender el vehículo por US$ 17.500 y que esa es la suma que está dispuesta a pagar. En este caso el concesionario estará obligado a vender el vehículo por ese monto. (Por supuesto que además de los US$ 17.500 el comprador deberá pagar los impuestos legales correspondientes). El aviso constituye la oferta, y el comprador aceptó esa oferta por la suma de US$ 17.500, que representa la contraprestación del contrato.

Si, por el contrario, el comprador hubiera ido a la concesionaria y en lugar de la suma de US$ 17.500, hubiera ofrecido pagar US$ 17.000 por el vehículo, nos encontraríamos ante una *contraoferta*. La contraoferta es, por definición, el rechazo de la oferta original. El concesionario estaría en todo su derecho de rechazar la contraoferta.

La oferta puede formularse de diferentes maneras. La persona que realiza la oferta podrá expresar que deberán cumplirse ciertas condiciones necesarias para su aceptación. Si estas condiciones no se cumplen, la oferta no se considerará válidamente aceptada.

## Contraprestación

La *contraprestación* es un concepto difuso pero de gran importancia. Una manera simple de entenderlo es como un *ojo por ojo*, un *toma y daca* o, en otras palabras, la parte esencial del contrato. Sin contraprestación, no hay contrato. Volviendo al ejemplo del pintor, si José hubiera escrito una carta en la que ofrecía pintar la misma casa, pero sin indicar el momento de finalización de la obra ni la retribución esperada, y el dueño le hubiera contestado que aceptaba los términos, probablemente no hubiera habido contrato al no haberse establecido contraprestación alguna.

Por lo general, el cumplimiento de una obligación preexistente no puede considerarse una contraprestación contractual. Portanto, si una persona ya está obligada a realizar cierto acto y luego se obliga a efectuar ese mismo en carácter de contraprestación en un contrato, se considera que tal contraprestación es insuficiente.

La abstención de realizar determinado acto puede constituir una contraprestación.

*Ejemplo:* *Si Isabel acuerda no demandar a una persona por el pago de US$ 100, estaremos ante la presencia de una contraprestación suficiente para exigir el cumplimiento del contrato. Tal abstención representa un perjuicio legal y por ello configura una contraprestación suficiente.*

## Subastas

Es probable que la mayoría de la gente haya asistido a una subasta. La conducta del subastador se asemeja a la negociación de un contrato. Pone el producto para su venta en el mercado y, al anunciar determinadas cifras, solicita ofertas para la compra del producto por ese precio. Si una persona levanta la mano y ofrece la cifra mencionada por el subastador, se considera que existe una oferta de compra por esa suma. Cuando el subastador baja el martillo ante la oferta más alta, se considera que ha aceptado la última oferta. También pueden existir determinadas cláusulas publicadas que forman parte de la subasta. Si este es el caso, al ofertar en la subasta, una persona presta su consentimiento a esas cláusulas.

## Código Uniforme de Comercio (UCC)

Los contratos son la base del sistema económico de los Estados Unidos. Tienen tal importancia que se ha creado un conjunto de leyes denominado *Código Uniforme de Comercio*. Este conjunto legal ha sido adoptado por la mayoría de los estados—en forma total o parcial—y establece ciertos principios relativos a las transacciones comerciales (contratos). Este código regula en gran medida la conducta entre comerciantes y otras personas que negocian con ellos.

El Código Uniforme de Comercio establece principios legales que regulan numerosas operaciones comerciales. Por ejemplo, si una persona compra un equipo para hacer ejercicio en una tienda deportiva, tanto el derecho a devolver el aparato como el derecho a adquirir repuestos y el derecho a entablar una demanda por un problema relacionado con el aparato están regulados por la garantía del producto, así como por el Código Uniforme de Comercio.

El Código Uniforme de Comercio también regula las operaciones vinculadas con instrumentos de garantía y títulos circulatorios. Un *instrumento de garantía* es un documento (generalmente presentado en un tribunal o depósito público) cuya finalidad es informar al público que un determinado bien mueble, ubicado en un lugar específico, sirve como garantía de una deuda contraída por el dueño de ese bien.

Un instrumento de garantía se asemeja en ese aspecto a una hipoteca sobre una vivienda. Una hipoteca es un tipo de instrumento de garantía que protege al acreedor hipotecario ante un eventual incumplimiento en los pagos mensuales del crédito. Si el deudor no efectúa los pagos mensuales, el acreedor tiene derecho a ejecutar la hipoteca y vender el bien en subasta pública.

El Código Uniforme de Comercio también se ocupa de los títulos valores. El *título valor* es un instrumento que puede transferirse o venderse a título oneroso. Por ejemplo, un *pagaré* en virtud del cual una persona se obliga a pagar a otra una determinada suma de dinero es un título valor. Un cheque también es un título valor. El Código Uniforme de Comercio regula este tipo de títulos.

## Ley sobre dolo

Los contratos pueden celebrarse oralmente o por escrito. Ambos contratos son igualmente válidos, aunque pueden presentarse dificultades al intentar exigir el cumplimiento de aquellos contratos que no se hayan celebrado por escrito. La mayoría de los estados han adoptado, de alguna u otra forma la denominada *Ley sobre dolo*. Esta ley tiene por objeto reducir al mínimo las conductas dolosas en cierto tipo de transacciones. Por ejemplo, una

### Es la ley
*La Ley sobre dolo tiene por objeto reducir al mínimo las conductas dolosas.*

persona que se dedica a la compraventa de bienes inmuebles no podrá exigir el cumplimiento de un contrato de compraventa de un inmueble que no conste por escrito. El fundamento de este requisito se basa en el hecho de que a través de los años se han suscitado tantos litigios relativos a contratos de compraventa de inmuebles celebrados oralmente, así como acusaciones de conductas dolosas, que estos contratos deben celebrarse por escrito y deben estar firmados por la persona contra quien se intenta hacer cumplir el contrato. Este requisito tiene por finalidad minimizar la posibilidad de conductas dolosas que perjudiquen al comprador. Si el vendedor firma el contrato y se obliga a vender el inmueble por un determinado precio, y todo ello consta por escrito, se reduce notablemente la posibilidad de la presencia de conductas dolosas.

Otras transacciones que generalmente deben constar por escrito para poder exigirse judicialmente son las transacciones en las que se da en garantía un crédito ajeno por una transacción, los acuerdos para contraer matrimonio, los contratos sobre el pago de comisiones de agentes inmobiliarios, los contratos que no pueden ejecutarse sino después de un año de su celebración, y los contratos de préstamo de dinero u otorgamiento de un crédito por una suma significativa, tal como US$ 25.000 o más. Estas transacciones han sido objeto a través de los años de numerosos litigios y acusaciones de conducta dolosa. Por esto muchos estados consideraron conveniente la exigencia de que estos acuerdos se celebren por escrito y estén firmados por la persona contra quien se intenta exigir el contrato.

## Defensas contractuales

Existen otras defensas que pueden interponerse ante un reclamo tendiente a exigir el cumplimiento de un contrato. Por ejemplo, si una de las partes era menor de edad o sufría de enajenación mental al momento de la celebración, tales circunstancias pueden constituir defensas que obstan a la validez del contrato. Esta defensa se denomina *falta de capacidad* para celebrar contratos. Asimismo, un *error mutuo* de las partes podría tornar el contrato nulo, ya que al no haber existido un acuerdo de voluntades, el contrato nunca existió.

*Ejemplo: Un error mutuo podría producirse cuando un vendedor ofrece vender su Cadillac 1964 que está estacionado adelante de su casa y el comprador acepta comprar el*

*Cadillac 1964 estacionado adelante de la casa. Sin embargo, delante de la casa del vendedor había dos Cadillacs 1964 estacionados y las partes se referían a distintos vehículos cuando celebraron lo que creyeron que era un contrato. En este caso no hubo un acuerdo de voluntades ya que las partes estaban equivocadas con respecto a qué vehículo era el objeto de la transacción.*

Puede ocurrir que un demandado que se oponga a un reclamo de ejecución de un contrato sostenga que la parte contraria lo indujo a celebrar el contrato mediante dolo. El *dolo* puede definirse a grandes rasgos como una declaración falsa acerca de un hecho esencial.

*Ejemplo: Una persona tiene la intención de comprar una casa. Le pregunta a los vendedores si el sótano es húmedo. Los vendedores le dicen que nunca tuvieron problemas de humedad en el sótano a sabiendas de la falsedad de su declaración. Esta falsa declaración puede constituir dolo.*

*Si posteriormente la persona procede a comprar la casa basándose en la falsa declaración y descubre que hay goteras en el sótano, podrá demandar a los vendedores por el dolo. Para que la demanda proceda, la persona debe haber sido inducida a celebrar el contrato y debe haber sufrido un daño. En este caso, la persona compró una casa defectuosa y, por lo tanto, su valor era inferior al que se pagó.*

Otras defensas posibles ante una demanda contractual son: violencia, coacción, imposibilidad y frustración del propósito o caso fortuito. La *violencia* implica una amenaza o la percepción de una amenaza para inducir a una persona a celebrar un contrato. Si una persona le apunta una pistola en la cabeza a otra y esta firma un contrato, ese contrato no será exigible judicialmente por haber mediado violencia. La violencia puede presentarse de maneras más sutiles.

La *coacción* tiene lugar cuando una o más personas ejercen un gran control sobre una de las partes y lo utilizan para influenciarla indebidamente para que celebre un contrato.

**Ejemplo:** *Bonita tiene un poder para representar a su vecino de 94 años. Ese poder la autoriza para manejar la totalidad de los asuntos financieros de su vecino. Si Bonita induce a su vecino para que firme un contrato por el cual le vende a ella su casa por una suma US$ 100.000 menor que el precio de mercado, estaríamos ante un caso de coacción. Podría configurar una causal de anulación del contrato.*

La *imposibilidad* surge cuando la ejecución de un contrato se torna imposible debido a una causa no prevista por las partes. Por ejemplo, la destrucción del World Trade Center tornó imposible la ejecución de contratos de locación del edificio. Un concepto relacionado es la *frustración del propósito* o *caso fortuito*. Por ejemplo, en ocasión de la ceremonia de asunción de un nuevo presidente, suelen celebrarse una serie de contratos. Sin embargo, si la ceremonia se cancela, se ve frustrado el objeto de esos contratos. Así, el Gobierno de los Estados Unidos puede anular el contrato con los proveedores que iban a suministrar las tribunas para la ceremonia, ya que esta no se llevará a cabo.

## Es la ley

*La mayoría de los contratos pueden y deberían ser breves y concretos.*

Aquellas personas que alguna vez leyeron un contrato de numerosas páginas redactado por un abogado probablemente hayan vivido una experiencia aterradora. Si bien las operaciones comerciales complicadas requieren contratos precisos y complejos, la mayoría de los contratos pueden, y deberían, ser breves y concretos. De esta manera, si existiera alguna ambigüedad en el contrato, esta se interpretará, en principio, en contra de la parte que hubiera redactado el contrato.

# Prueba oral

Si en un contrato aparecen términos que no están expresamente definidos, generalmente serán definidos según su uso por el tribunal al que se recurre para que interprete el contrato. Una norma importante en materia de pruebas en el ámbito de la interpretación de los contratos es la denominada *regla de la prueba oral*. Esta norma dispone que, en una disputa contractual, el tribunal no deberá tener en cuenta las declaraciones realizadas por las partes con anterioridad a la celebración del contrato. La regla de la prueba oral es una norma reconocida y puede ser reforzada por una cláusula contractual que disponga expresamente que las partes sólo estarán obligadas a cumplir las cláusulas escritas en ese contrato. El fundamento de la norma reside en que las partes no deben basarse en declaraciones previas al contrato para definir el sentido del contrato, ya que se tomaron el trabajo de plasmar el acuerdo por escrito teniendo en miras que lo que está escrito constituye la totalidad del contrato.

La regla de la prueba oral parece estar en contradicción con el ejemplo de la persona que fue inducida dolosamente a celebrar un contrato de compraventa de una casa. Sin embargo, esta norma no tiene aplicación en los casos en los que media el dolo. Se considera que las declaraciones dolosas realizadas para inducir a una persona a celebrar un contrato no están contempladas por la regla de la prueba oral. Las declaraciones dolosas pueden servir como causales de nulidad del contrato ya que tales declaraciones menoscaban la integridad e imparcialidad del contrato.

El sentido de un contrato también puede obtenerse si se consideran las negociaciones previas realizadas entre las partes del contrato. Es decir, las negociaciones previas pueden clarificar el sentido que intentaron darle al contrato.

# Incumplimiento sustancial

Al determinar si una de las partes ha incumplido con las obligaciones contempladas en el contrato de manera tal que corresponda una indemnización por daños y perjuicios, el tribunal deberá preguntarse si el incumplimiento es *sustancial*. Un incumplimiento sustancial afecta la naturaleza misma del contrato. En el ejemplo del pintor, la falta de pago de la suma acordada obviamente afecta la esencia misma del contrato, por lo que sería un claro ejemplo de un incumplimiento sustancial del contrato. Por otro lado, si el pintor se retrasa un día en la finalización de su tarea, ello no implicaría un incumplimiento sustancial, salvo que exista en el contrato una cláusula que establezca que *el plazo de cumplimiento es un elemento esencial.* La inclusión de esta cláusula en el contrato significa que las partes acordaron de manera expresa la importancia del cumplimiento de la prestación en término. Si quien debía cumplir con la prestación no lo hiciera oportunamente, se considerará que existe un incumplimiento sustancial que puede dejar sin efecto el derecho a percibir la suma acordada.

### Es la ley

*Un incumplimiento sustancial afecta la naturaleza misma del contrato.*

## Indemnización por daños y perjuicios

Los daños y perjuicios que pueden derivar de un contrato pueden ser *directos* o *indirectos.* Los *daños directos* son aquellos expresamente establecidos en el contrato. Siguiendo con el ejemplo del pintor, la suma de US$ 100 constituye los daños directos. Supongamos que José expresó, al momento de obligarse a pintar la casa, que necesitaba el dinero en una determinada fecha porque de lo contrario su locador lo desalojaría de su lugar de trabajo y no podría continuar realizando sus actividades. Si este hecho se hubiera revelado en un comienzo y las partes hubieran sabido que José sufriría graves consecuencias si el pago no se realizara de manera oportuna, podría haberse reclamado una indemnización por los daños mediatos—los daños derivados de este incumplimiento—bajo la forma de *daños indirectos.*

## Daños líquidos y determinados

Otro tipo de daños y perjuicios que puede reclamarse en una demanda por incumplimiento contractual son los denominados *daños líquidos y determinados.* Esta clase de daños se fija expresamente en el contrato para el caso de incumplimiento. Por ejemplo, en muchos contratos de construcción las partes acuerdan expresamente que si el contratista no finaliza la obra a una fecha determinada, deberá pagar diariamente una suma determinada en concepto de daños y perjuicios. A menudo estos daños se incluyen en los contratos porque, de otro modo, resultaría difícil para las partes determinar el monto real del daño causado por un incumplimiento o, como sucede en este caso, un retraso en la prestación.

## Resarcimiento bajo el sistema de equity

Además de la indemnización por daños y perjuicios, una parte puede reclamar, ante el incumplimiento de la otra, un *resarcimiento bajo el sistema de equity*. El resarcimiento bajo el sistema de equity consiste en una resolución judicial que ordena la realización de una determinada conducta o abstención.

*Ejemplo:* *Miguel celebra un contrato con su vecino en virtud del cual permite que este coloque un caño que atraviese su propiedad para que pueda conectarse a la red cloacal. Pero cuando la empresa se dispone a instalar el caño, Miguel se ubica en la medianera con una escopeta para así evitar que se realice la excavación. En este caso, Miguel puede ser obligado a cesar en su conducta. El tribunal puede constreñir a Miguel a que se retire y permita la realización de la obra de conformidad con el contrato.*

El tribunal podrá dictar una *orden judicial* que obligue a Miguel a que *desista* de cualquier conducta que pudiera obstruir la excavación. Además, su vecino podrá demandarlo por daños y perjuicios ya que tuvo que contratar a un abogado para solicitar la orden judicial correspondiente. En este caso, también podrá reclamar los honorarios del abogado.

## Lista de control de contratos

Al revisar un contrato escrito, deben tenerse en cuenta los siguientes aspectos:

❑ *La identificación de las partes.* Cada una de las partes debe estar expresamente identificada. Si alguna de las partes es una persona jurídica, debe incluirse su nombre completo en el contrato. La única manera de cumplir con este requisito es llamando al órgano estatal de registro de sociedades para obtener el nombre completo. Además, es aconsejable incluir en el contrato el cargo de la persona que firma en nombre y representación de la sociedad, para que quede claro que esta persona es funcionario de la sociedad y que, por ende, cuenta con la autorización para firmar.

❑ *La contraprestación.* La contraprestación debe incluirse de manera expresa en el documento.

❑ *La ley aplicable.* Es una buena idea establecer en el contrato qué ley estatal se aplicará en caso de que surja un conflicto. Este dato es particularmente importante si las partes pertenecen a diferentes estados.

❑ *La cláusula de plazo esencial.* La cláusula de plazo esencial es importante cuando una persona desea que la otra parte cumpla de manera oportuna con sus obligaciones contractuales. Por el contrario, si esta característica no reviste un interés especial para las partes, no será necesaria su inclusión. Si un contrato contiene una cláusula de plazo esencial y alguna de las partes no cumple con el plazo estipulado, se considera que existe un incumplimiento sustancial del contrato.

❑ *La subsistencia de la validez contractual.* Esta cláusula implica que si alguna de las partes muere antes de la ejecución completa del contrato, sus obligaciones serán cumplidas a través del patrimonio o los herederos del difunto.

❑ *Las modificaciones.* Es conveniente incluir expresamente en el documento que cualquier modificación del contrato deberá realizarse por escrito y deberá ser firmada por ambas partes. Esto excluye la posibilidad de litigios que pudieran desencadenarse por causa de modificaciones orales.

❑ *La renuncia.* La renuncia es un abandono intencional de un derecho conocido. Es conveniente incluir en el contrato una cláusula de renuncia que exprese que el hecho de que una de las partes no exija el cumplimiento de alguna cláusula contractual no implicará una renuncia a su derecho de reclamar por cualquier otro incumplimiento o violación de igual o similar naturaleza. Esta cláusula evita que una renuncia al derecho de exigir el cumplimiento específico de una cláusula en un determinado momento implique la renuncia a reclamar por futuras violaciones de la otra parte.

❏ *La divisibilidad.* Este concepto implica que el hecho de que una de las cláusulas del contrato se declare nula o inexigible no afectará la validez o exigibilidad de las demás cláusulas contractuales. Si una cláusula específica es declarada nula o inexigible por un tribunal, esto implicaría que todo el contrato podría carecer de validez si no posee una cláusula de divisibilidad.

❏ *La cesión.* La regla general es que cualquier contrato puede cederse salvo que expresamente se disponga lo contrario. La cesión de un contrato implica en principio que una persona vende a otra sus derechos contractuales. Por ejemplo, si una persona celebra un contrato de compraventa de un automotor, podrá obligarse a comprar ese vehículo por una determinada suma de dinero. Con posterioridad, podrá cederlo (venderlo) a otra persona salvo que el contrato disponga lo contrario. Lo que se vende en este caso es el contrato, no el vehículo. Las partes deberán decidir si desean incluir en el contrato una cláusula que prohíba su cesión.

❏ *La integración.* La cláusula de integración dispone que el contrato contiene la totalidad del acuerdo entre las partes y que las partes acuerdan expresamente que no existen otras declaraciones, cláusulas o acuerdos distintos de los contemplados expresamente en el contrato escrito. Esta cláusula guarda relación con la regla de la prueba oral (pág. XXX), que prohíbe la inclusión de negociaciones previas al contrato que pudieran haber tenido lugar entre las partes antes de la celebración del contrato. La cláusula de integración respalda este principio y va más allá al disponer que las negociaciones posteriores al contrato (negociaciones o comunicaciones efectuadas entre las partes después de la celebración del contrato) no están incluidas en el contrato. La palabra *integración* significa en este contexto que la totalidad del acuerdo entre las partes está integrado en un único documento.

# Capítulo once

# Actos ilícitos civiles

El *acto ilícito civil* no está basado en un contrato. Si, por ejemplo, una persona pasa un semáforo en luz roja y choca contra su vehículo (que está legítimamente en la intersección), usted puede entablar una demanda civil contra esa persona por el acto ilícito de cruzar con luz roja. Esa demanda por el acto ilícito civil no surge de ningún contrato entre usted y la otra persona.

## Culpa

Existen varios tipos diferentes de actos ilícitos civiles. El ilícito civil más común con el que usted se puede enfrentar es el ilícito *culposo*. La culpa es el hecho de no proceder con el debido cuidado.

El concepto de culpa está fundado en la idea de que existe un deber de una persona hacia otra y que dicho deber fue incumplido. Este incumplimiento provoca una lesión o daño a la otra parte. Por ejemplo, en el caso del cruce con luz roja, el deber correspondiente era el de no cruzar con luz roja. Si se viola dicho deber por cruzar con luz roja y, como consecuencia, usted sufre lesiones, se reúnen todos los elementos para una demanda por culpa.

Existen cuatro elementos esenciales para cualquier demanda por ilícito civil.

1. Debe haber un deber por parte del demandado (la parte contra quien se inicia la demanda) para con el demandante (la parte que inicia dicha demanda).
2. Debe haber incumplimiento o violación de dicho deber por parte del demandado.

3. Esa violación del deber tiene que haber sido la causa inmediata de la lesión sufrida por el demandante.
4. Debe haber lesión o daño real sufrido por el demandante.

Los dos primeros elementos de cualquier demanda por ilícito civil—deber e incumplimiento del deber—acaban de ser tratados. El tercer elemento de toda demanda por ilícito civil es la causa inmediata. No debe confundirse *inmediata* con el término *aproximada*. Inmediato significa literalmente "inmediato a, contiguo, que está en contacto o directo". Aproximado no significa inmediato. La causa inmediata de un suceso es aquella que es *razonablemente previsible*. Si una persona cruza con luz roja, es razonablemente previsible que pueda herir a alguien. De esta manera, esa culpa puede constituir la causa inmediata de la lesión.

*Ejemplo:* *Supongamos que Fiero está jugando a las atrapadas con su hijo frente a su propia casa. Su tirada de pelos es un poco agresiva y arroja la pelota demasiado lejos. La pelota atraviesa primero la ventana del frente de su casa y luego la ventana trasera. Golpea contra una parrilla que está en el porche trasero. La parrilla luego se cae del porche, rueda cuesta abajo y mata a otro vecino. ¿De qué es responsable Fiero?*

La primera pregunta es si Fiero actuó con culpa. Fiero probablemente actuó con culpa al tirar tan fuerte la pelota que rompió la ventana del frente de su casa. La siguiente pregunta es si ese actuar culposo fue la causa inmediata del daño provocado a su casa. Evidentemente lo fue.

La última pregunta es si ese actuar culposo fue la causa inmediata de la lesión sufrida por su vecino. Esa es una pregunta más difícil. Se trata fundamentalmente de si fue razonablemente predecible el hecho de que al tirar tan fuerte la pelota como lo hizo, ésta no sólo atravesaría la ventana del frente de su casa, sino que también atravesaría la ventana trasera, luego golpearía contra su parrilla, la tiraría del porche trasero, haría que rodara cuesta abajo y golpearía a su vecino. Ese tipo de lesión resultante probablemente no sea razonablemente predecible y, como tal, el *nexo de causalidad* se hubiera interrumpido en algún punto de la secuencia de los sucesos. Generalmente, en ese tipo de casos, la cuestión sobre la causa inmediata se presentaría a un jurado para que resolviera si el actuar culposo de Fiero fue la causa inmediata de la lesión a su vecino.

El cuarto y último elemento de toda demanda por ilícito civil se refiere a los daños y perjuicios provocados o las lesiones sufridas. Para justificar un resarcimiento de cualquier suma considerable, las lesiones o los daños y perjuicios deben ser más que mínimos. Los daños pueden incluir gastos médicos, salarios no cobrados, dolor y sufrimiento, humillación, etc.

## Accidente automovilístico

La forma más común de demanda por ilícito civil surge de los choques de automóviles. Esas demandas por ilícitos civiles generalmente suponen algún acto de descuido o imprudencia por parte del conductor que resulta en el choque con otro vehículo. La cuestión de si el manejo del vehículo implica culpa real depende de cómo sea analizada la conducta de la persona que conducía conforme a las *Normas de Tránsito* establecidas en el código de su estado o en el código local que regulan las normas de tránsito. Las normas de tránsito determinan las reglas para el manejo de vehículos. La violación a estas normas o reglas comúnmente constituye un acto culposo.

Los accidentes automovilísticos que involucran a los transportes públicos (autobuses, taxis, trenes y aviones) pueden regirse por normas un poco diferentes de las que se aplicarían en el caso de un automóvil. A los transportes públicos a menudo se les exige un grado muy alto de cuidado. De esta forma, si existe aunque sea un mínimo actuar culposo por parte del conductor que contribuye a la lesión de uno de los pasajeros, el transporte público puede ser responsable.

## Responsabilidad sobre la propiedad

Otra área del derecho que origina muchas demandas por ilícitos civiles es la *responsabilidad sobre la propiedad*. Una persona que se encuentra legítimamente en el inmueble de otra y resulta lesionada como consecuencia de algún acto culposo por parte del propietario de ese inmueble puede iniciar una demanda contra dicho propietario. El deber o patrón de debido cuidado al que está obligado el dueño del inmueble puede depender de la condición de la persona lesionada.

Las diferentes condiciones que pueden aplicarse son las de *invitado, licenciatario* o *intruso*. El *invitado* es generalmente alguien que entra a la propiedad por algún motivo comercial legítimo. El *licenciatario* puede ser considerado en general como un invitado social. El *intruso* es alguien que no tiene permitido el ingreso a la propiedad y que está allí sin el conocimiento o consentimiento del propietario del inmueble.

El deber que tiene exactamente el propietario del inmueble para con cada una de las diferentes clases de personas puede variar radicalmente de una condición a otra. La norma jurídica general, sin embargo, es que el propietario tiene el deber de proceder con debido cuidado para mantener su propiedad en condiciones razonablemente seguras. Cuando el propietario no procede con ese debido cuidado y la persona que se encuentra legítimamente en el inmueble resulta lesionada como consecuencia de ello, el propietario puede ser responsable.

Algo que diferencia a las demandas de responsabilidad por la propiedad de otros tipos de demandas por ilícitos civiles es que la persona que es lesionada (el demandante) debe probar que el dueño de la propiedad tenía *conocimiento* del estado defectuoso del inmueble. Por ejemplo, el hecho de que su hija se resbala y se cae por pisar una cáscara de banana que estaba en el piso de la cafetería del colegio no significa forzosamente que tenga fundamento para iniciar una demanda contra el sistema educativo o contra la empresa que maneja la cafetería. Ella debe presentar pruebas que demuestren el tiempo que estuvo la cáscara de banana sobre el piso para imponerse en la demanda. En caso de que la cáscara de banana resulte haber estado ahí sólo por un corto período de tiempo como consecuencia del actuar de otro alumno del colegio, la escuela pudo no haber tenido la posibilidad razonable de ver la cáscara y recogerla. Por lo tanto, puede no haber ningún acto culposo por parte del colegio.

La lógica de esta norma es que el dueño del inmueble no es necesariamente el garante de la seguridad de todas las personas que se encuentren en su propiedad, sino que simplemente se le exige proceder con debido cuidado. El dueño de una propiedad sólo puede proceder con *debido cuidado* en relación con aquellos defectos o deficiencias sobre los que tiene o debería haber tenido algún conocimiento.

**Es la ley**

*El dueño de una propiedad sólo puede proceder con debido cuidado en relación con aquellos defectos o deficiencias sobre los que tiene conocimiento.*

En el caso de su hija, ella debe probar que la cáscara de banana estuvo sobre el piso el tiempo suficiente para que los encargados del colegio o el gerente de la cafetería tomaran conocimiento de que la cáscara estaba allí. Los encargados del colegio o el gerente de la cafetería deberían, por lo tanto, haberla recogido o haber puesto carteles para advertir a los clientes sobre la presencia del objeto en el piso.

Si la cáscara de banana fue colocada sobre el piso, ya sea de manera intencional o accidental, por un *empleado* de la entidad que maneja la cafetería del colegio o por un empleado del colegio, su hija puede no tener que probar el conocimiento por parte de la entidad de la presencia de la cáscara sobre el piso. La culpa del empleado por colocarla allí sería simplemente *atribuida* al empleador.

Veamos otro ejemplo de una demanda por responsabilidad por la propiedad.

*Ejemplo:* *Suponga que usted es el locatario en un gran edificio de departamentos donde se han cometido una serie de delitos que ocasionaron lesiones físicas graves a los ocupantes. El dueño de la propiedad es consciente de esos delitos, pero no toma medidas para advertir a otros locatarios de la ola delictiva en ese edificio y tampoco toma medidas para mejorar la seguridad en el edificio. Si usted es posteriormente agredido y lesionado como consecuencia del ingreso de una persona al inmueble con el propósito de cometer un delito, usted puede entablar una demanda contra ese locador basándose en la teoría de la culpa. Esto significa que a pesar de saber o deber saber que existía peligro para los locatarios, el locador no tomó medidas ni para advertirles ni para disminuir el riesgo de seguridad respecto de ellos.*

Observemos esa demanda desde el punto de vista de cómo se aplican los cuatro elementos de una demanda por ilícitos civiles. El primer elemento de una demanda de esta naturaleza es la determinación de un deber por parte del demandado hacia el demandante. En este caso, el deber surge de la relación de las partes. Esto quiere decir que el dueño de la propiedad o el locador tienen el deber de ejercer el cuidado razonable con las personas que están legítimamente en el inmueble.

## Es la ley

*El cuidado razonable es aquel grado de cuidado con el que una persona prudente procedería en una circunstancia determinada.*

Se preguntarán, ¿qué es cuidado razonable? El cuidado razonable es aquello que considere el jurado como tal. Una definición de libro de texto de cuidado razonable dice que es aquel grado de cuidado que ejercería una persona prudente en una circunstancia determinada. En este caso, el hecho de que el locador no haya tomado ninguna medida para advertir a los locatarios o a las personas que se encontraban legítimamente en el inmueble sobre los incidentes delictivos que ocurrían puede constituir prueba del incumplimiento del deber de ejercer un cuidado razonable y conformar el segundo elemento. El hecho de que la agresión en cuestión fue provocada por alguna persona que estaba ilegítimamente en la propiedad conforma el tercer elemento de las demandas por ilícitos civiles ya que se demostró que el incumplimiento del deber fue una causa del daño. El último elemento de la demanda por un ilícito civil es simplemente la lesión o daño. En esta situación, la lesión o el daño consiste en el daño físico sufrido por el demandante.

## Responsabilidad del fabricante

La demanda por *responsabilidad del fabricante* es aquella en la cual una persona sostiene que un producto en particular contiene un defecto que de alguna manera ha provocado un daño. Generalmente, en una demanda por responsabilidad del fabricante, el demandante deberá presentar el informe de algún perito que determine cuál es el defecto del producto.

Una demanda por responsabilidad del fabricante podrá fundarse en los principios de la culpa, pero también puede plantear la teoría legal conocida como *el incumplimiento de la obligación de garantía*. En la venta de un producto, existe una garantía tanto explícita como implícita de que éste se encuentra razonablemente apto para el fin por el cual se lo vende. El hecho de que el producto resulte no ser razonablemente apto para tal fin puede constituir un *incumplimiento de la obligación de garantía* y puede dar lugar a una demanda por daños y perjuicios en caso de que alguien sea lesionado como consecuencia de dicho incumplimiento. Las demandas por incumplimiento de la obligación de garantía técnicamente son demandas contractuales, pero pueden hacerse valer como parte de un juicio por responsabilidad del fabricante.

## Responsabilidad profesional

Las demandas por *responsabilidad profesional* pueden plantearse como acciones judiciales por mala praxis médica, mala praxis legal, negligencia contable o por negligencia arquitectónica. En muchos estados, se le ha otorgado a la profesión médica determinadas protecciones especiales. Por ejemplo, algunos estados han establecido un tope o una limitación en el monto de dinero que puede obtenerse de cualquier médico o proveedor de servicios de salud como consecuencia de su actuar culposo. El motivo de ese tope en los daños y perjuicios es ayudar a moderar el costo de la cobertura del seguro por mala praxis médica para los proveedores de servicios de salud.

La demanda por responsabilidad profesional es diferente de cualquier otro tipo de demanda por ilícito civil que pueda hacerse valer. En relación con estos tipos de demandas, el demandante generalmente debe presentar el testimonio de algún testigo que tenga experiencia en ese campo en relación con el *patrón de cuidado* que debería haber empleado el profesional en cuestión. Deben presentarse las pruebas relacionadas con la violación del patrón de cuidado y la forma en que dicha violación provocó los daños al demandante.

En una causa por mala praxis médica, el testimonio proviene generalmente de otro médico que se desenvuelve en la misma especialidad que el demandado. Generalmente, se aplica el mismo concepto en las causas por mala praxis legal y también en las causas por mala praxis arquitectónica. Puede haber algunos casos en los que no sería necesario el informe de un perito ya que la culpa es tan obvia que no hay necesidad de citar a un testigo perito para que explique los aspectos técnicos del caso.

Por ejemplo, si un paciente ingresa al hospital para una operación en la rodilla derecha y el médico termina operándole la rodilla izquierda, no hay necesidad de un informe pericial para establecer que el patrón de cuidado indica que el médico debía haber operado la rodilla derecha. Cualquier persona razonable sabría que la operación en la rodilla izquierda fue innecesaria y que, por lo tanto, determinó un acto culposo por parte del médico.

## Patrón de debido cuidado

En la mayoría de las demandas por culpa, surge la cuestión del patrón de debido cuidado. En un caso de accidente automovilístico, el patrón de cuidado está definido por las reglas de tránsito. Por ejemplo, las reglas de tránsito prescriben que no se debe cruzar por una intersección con el semáforo en rojo. Esa regla determina el patrón de cuidado bajo el cual están obligadas todas las personas en cuanto al cruce de una intersección. En otros contextos, puede haber códigos de edificación u otros códigos estatales o locales que determinen el patrón de cuidado bajo el cual están obligados los dueños de una propiedad. Esos códigos pueden constituir la base sobre la cual se funda una causa por culpa ya que determinan el patrón de cuidado al que está sujeto el demandado. La violación del código por parte del demandado puede constituirse en prueba del incumplimiento de su deber. Si ese incumplimiento resultó en un daño sufrido por usted, puede tener un fundamento para entablar una demanda por culpa contra el dueño de la propiedad.

El concepto del patrón de cuidado se torna particularmente importante en determinados tipos de demandas por responsabilidad profesional—demandas por mala praxis médica, legal o arquitectónica. En esos tipos de demandas, el demandante debe determinar cuál es el patrón de cuidado. El patrón de cuidado se determina por medio de la presentación de pruebas que realizan los peritos en ese campo. Por ejemplo, si durante una cirugía de corazón el cirujano le atraviesa la arteria coronaria con un catéter y usted sufre daños irreparables, ¿se ha violado el patrón de cuidado para ese procedimiento? Eso es algo que una persona no puede resolver si no es médico. Por lo tanto, no es algo que un grupo de miembros del jurado pueda resolver sin ser médicos salvo que escuchen el informe de un perito médico que determine cuál es el patrón de cuidado.

En este caso, el patrón de cuidado puede referirse a que el cirujano, mediante la utilización de instrumentos radiológicos, debió saber dónde se estaba colocando el catéter y, por ende, debió haber sabido cuándo estaba a punto de perforar la pared arterial. El cirujano podría haber evitado la ruptura si hubiera prestado atención al instrumento radiológico que mostraba dónde estaba el catéter.

En ese caso, la prueba del patrón de cuidado ofrecida por el demandante puede demostrar que el médico fue negligente al perforar la pared arterial con ese catéter. Puede tener por seguro que el médico demandado presentará su propio perito médico quien refutará lo antedicho y afirmará que no hay incumplimiento del patrón de cuidado en esta circunstancia. Simplemente ocurrió un accidente desafortunado y no hubo culpa por parte del médico.

## Causa inmediata

Además de probar que hubo incumplimiento del patrón de cuidado por parte del médico, el demandante también debe demostrar que el incumplimiento fue la causa inmediata de su lesión. En el ejemplo de la perforación de la pared arterial con el catéter, el demandado puede argumentar que aunque haya actuado con culpa, el paciente tenía sólo 5% de probabilidades de sobrevivir y, por ende, probablemente iba a morir de todas formas. De ese modo, toda culpa que pueda haberse cometido fue totalmente irrelevante. Esta es una defensa frecuente planteada en las demandas por culpa profesional y, a menudo, tiene algo de mérito—el médico pudo haber actuado con culpa, pero el paciente habría muerto de todas maneras. Esto vuelve a enfatizar la importancia del concepto de la causa inmediata. Es decir, aunque el médico pudo haber actuado con culpa, ésta puede no haber sido la causa de lesión ya que el paciente de todas maneras pudo haber sufrido consecuencias funestas.

## Niños

Muchas demandas que se inician por ilícitos civiles involucran a los niños. En general, a los niños se les otorga una *condición preferencial* en el derecho, lo que significa que tienen una protección especial. Esto también es así en las demandas por ilícitos civiles. Por ejemplo, con respecto a las demandas por culpa, los niños menores de 7 años generalmente son legalmente incapaces de cometer algún acto culposo.

Los niños entre 7 y 14 años de edad son generalmente considerados incapaces de cometer actos culposos, aunque esa presunción puede ser refutada mediante la presentación de pruebas que muestren que el niño es capaz de cometer un acto culposo debido a su nivel de inteligencia, nivel de experiencia u otros factores que pueden estar relacionados con ello.

## Objetos peligrosos

Probablemente haya escuchado el término *objetos peligrosos*. Ese es un concepto de culpa reconocido en muchos estados. El objeto peligroso es aquel objeto que por su misma ubicación y configuración es atractivo y, a la vez, peligroso para los niños. El hecho de que el dueño deje el objeto al alcance de los niños sabiendo que éste los atraerá y que, probablemente, se lastimen al tener contacto con él puede constituir el fundamento de una demanda por culpa contra dicho dueño.

## Res Ipsa Loquitur

Literalmente, el término *res ipsa loquitur* significa *la cosa habla por sí misma*. *Res ipsa loquitur* es una norma jurídica en materia de pruebas que estipula que un jurado puede concluir que un demandado actuó con culpa si:

◆ el demandante ha sido lesionado como consecuencia de un medio (alguna herramienta u objeto) que está bajo el control total y exclusivo del demandado;

◆ el demandado tiene o debería tener conocimiento exclusivo de la forma en que ese medio se utilizó; y

◆ la lesión normalmente no hubiera ocurrido si el instrumento hubiera sido utilizado apropiadamente.

*Ejemplo: Supongamos que usted está caminando por la calle y le cae sobre la cabeza el cajón de una cómoda. El cajón provino de la ventana del departamento de arriba. Había sido colocado allí por el locatario cuando estaba haciendo limpieza y sin querer lo golpeó. ¿Se han reunido los elementos de **res ipsa loquitur** en ese caso?*

*Probablemente sí, ya que el cajón estaba bajo el control total y exclusivo del demandado, quien tenía el conocimiento exclusivo sobre cómo utilizar el cajón y, por último, la lesión normalmente no hubiera ocurrido si el cajón hubiera sido usado apropiadamente. Siempre que usted pueda probar esos elementos fundamentales, probablemente tendría derecho a cobrar una suma de dinero por parte del locatario debido a su actuar culposo.*

## Responsabilidad indirecta

Un concepto importante dentro del derecho de los ilícitos civiles es el de la *responsabilidad indirecta*. El concepto de responsabilidad indirecta significa que un mandante puede ser responsable por la conducta o mala conducta de sus mandatarios. Esa relación mandante/mandatario surge en el contexto laboral entre el empleador y el empleado. También puede surgir en otros contextos que involucren contratistas. Desde el punto de vista del demandante, el concepto de responsabilidad indirecta es importante porque generalmente es ese concepto legal el que permite el total resarcimiento por daños y perjuicios. Por ejemplo, si usted es golpeado con la parte trasera de un camión conducido por un empleado de la Compañía ABC, su abogado entablará la demanda no sólo contra el conductor, sino también contra el empleador. Si la acción judicial se inicia sólo contra el conductor y resulta que ese vehículo no tenía la cobertura del seguro, la sentencia que usted obtenga contra el conductor, cualquiera sea ésta, puede no ser ejecutable simplemente porque el conductor puede no tener los recursos económicos para cumplir con el pago que ordena la sentencia. Sin embargo, si usted obtiene una sentencia también contra el empleador, éste probablemente tendría los recursos económicos ya sea en forma de cobertura de seguro o de otro modo para así cumplir con la sentencia.

En ese caso, el empleador es responsable por la conducta del empleado al suponer que el empleado estaba actuando dentro del alcance de su empleo. Por otro lado, si el empleado estaba realizando una tarea personal mientras conducía un vehículo de la compañía y el empleador no tenía conocimiento de esto y no había dado su consentimiento para ello, puede no haber responsabilidad indirecta. A lo mejor el empleado estaba obrando por su cuenta y no realizó tarea alguna en nombre del empleador al momento del choque.

El concepto de responsabilidad indirecta ha sido el objeto de una gran cantidad de acciones judiciales a lo largo de los años.

*Ejemplo:* *Supongamos que un vendedor de seguros va a su casa para venderle un seguro en nombre de la Compañía XYZ. Él le presenta su tarjeta de negocios junto con todos los folletos de la Compañía XYZ. Él lo convence de que, en base a la importante publicidad de esa Compañía y debido al reconocido nombre, es una compañía de mucha confianza. En base a eso, usted adquiere una póliza de seguros y entrega un cheque por una suma de dinero considerable. Si luego el vendedor se fuga con el dinero, ¿la Compañía XYZ es responsable por su pérdida?*

Probablemente lo sea, aunque ese vendedor puede no ser un empleado directo de la compañía. El vendedor en ese caso puede ser un contratista independiente, pero la Compañía XYZ probablemente sea de todos modos responsable ya que es la que le proporcionó al vendedor toda la parafernalia de autenticidad, le dio la oportunidad de llevar a cabo su conducta dolosa y, fundamentalmente, puso en marcha todo el proceso mediante la utilización de su nombre y publicidad.

# Responsabilidad objetiva

*Responsabilidad objetiva* significa que el demandado es responsable en determinadas circunstancias en que, incluso sin demostrar culpa real, su conducta fue la causa de la lesión provocada al demandante. Generalmente, la responsabilidad objetiva surge solamente con respecto a las actividades sumamente peligrosas. Por ejemplo, si usted está operando una cantera y durante el curso de la voladura con dinamita causa daños en la casa de uno de sus vecinos, ese vecino puede no tener que probar que hubo culpa de su parte en la voladura, sino que simplemente tiene que probar que ésta fue la causa del daño provocado en su casa. En esa circunstancia, la parte que realizaba la voladura puede ser objetivamente responsable por los daños que resulten de esa actividad peligrosa.

# Delitos civiles

Además de los tipos de demandas mencionados anteriormente, existen diversos *delitos civiles* que pueden hacerse valer. Esos delitos civiles consisten en demandas tales como las amenazas y agresiones, apropiación indebida, difamación, privación ilegítima de la libertad, dolo, acusación maliciosa, invasión de la privacidad, violación de derechos y la imposición dolosa de daño moral. Todas estas demandas tienen elementos específicos que deben reunirse y deben ser probados para que el demandante se imponga.

La *agresión* se refiere simplemente al hecho de que una persona toque a otra sin desearlo. La *apropiación indebida* es tomar los bienes de una persona sin su consentimiento. (Apropiación indebida en el sistema civil es similar al *hurto* en el sistema penal).

La *difamación* puede cometerse ya sea en forma escrita (*libelo*) o verbal (*calumnias e injurias*) y consiste en realizar declaraciones injuriosas acerca de una persona que no son ciertas. Si las declaraciones injuriosas implican la imputación de un delito penal, suponen conductas inmorales, atribuyen una enfermedad contagiosa, acusan de ineptitud para cumplir con los deberes del cargo ocupado o incluyen palabras que perjudican a una persona en su profesión o comercio, dichas declaraciones pueden ser consideradas como *difamatorias per se*.

Si la presunta declaración no es difamatoria *per se*, el demandante puede tener que probar lo que se denomina *daños y perjuicios específicos* para obtener un resarcimiento del demandado. Los daños y perjuicios específicos se percibirían en forma de gastos en efectivo incurridos como consecuencia de tales declaraciones difamatorias.

*Ejemplo:* *Si usted es cirujano y Héctor lo llama carnicero, esa declaración es difamatoria* per se. *Usted podría presentar una demanda por difamación contra Héctor aun cuando no haya incurrido en daños y perjuicios específicos (gastos en efectivo como consecuencia de esa declaración).*

Tengamos presente que la verdad siempre es una defensa completa para una demanda por difamación.

Si, por otro lado, usted está desempleado y Ana lo llama un sinvergüenza y como consecuencia de ese comentario usted sufre un daño moral tal que busca ayuda psiquiátrica, puede tener un fundamento para iniciar una demanda por difamación contra Ana. Aun cuando el comentario realizado no es difamatorio *per se*, el hecho de que usted haya

## Es la ley

*La verdad es siempre una defensa completa para una demanda por difamación.*

incurrido en gastos médicos como consecuencia del comentario de Ana satisface el requisito para daños y perjuicios específicos. Le proporciona el fundamento que necesita para presentar una demanda por difamación contra Ana.

Algunas declaraciones, aunque son difamatorias, están protegidas por un *privilegio limitado* o *absoluto*. Por ejemplo, una declaración realizada por un empleador sobre un empleado a un posible nuevo empleador puede estar protegida por un *privilegio limitado*. La idea es permitir que los empleadores intercambien información sobre sus empleados libremente. Esto significa que en una causa por difamación contra su anterior empleador, el empleado probablemente tenga que alegar y probar que realmente hubo maldad en las declaraciones realizadas.

Un *privilegio absoluto* constituye un impedimento absoluto para una demanda por difamación. Por ejemplo, los comentarios realizados durante un procedimiento judicial generalmente se rigen por dicho privilegio. La idea es permitir que las partes puedan intercambiar libremente comentarios durante el procedimiento.

Las demandas por *privación ilegítima de la libertad* y *acusación maliciosa* surgen cuando una persona recluye indebidamente a otra persona o inicia una acusación penal que posteriormente resulta injustificada.

El *dolo* es la declaración falsa intencional de un hecho sustancial con el propósito de provocar confianza y que provoca confianza causándole un perjuicio o daño al demandante. El dolo es muy difícil de probar. A diferencia de la mayoría de las demandas civiles que deben probarse simplemente por *preponderancia de la prueba* o lo que se denomina *mayor peso de la prueba*, las demandas por dolo deben probarse con prueba fehaciente y convincente, que es un estándar mucho más elevado y mucho más difícil de probar. El motivo del estándar más elevado de la prueba en las demandas por estafa es que la ley reconoce el dolo como un delito que implica conducta subrepticia que puede estar sujeta a distintas interpretaciones. Por lo tanto, se tiene la sensación de que el peso de la prueba es mucho más difícil para el demandante en estos tipos de demandas que en las demandas comunes por ilícitos civiles que pueden hacerse valer.

Otro delito civil es la *imposición dolosa de daño moral*. Para llevar adelante tal demanda, usted debe probar que la conducta del demandado fue intencional e injuriosa, que la conducta provocó daño moral y que el daño moral fue severo. A menudo es difícil reunir todos estos elementos.

# Daños y perjuicios

El último elemento de todo ilícito civil que debe establecerse es el de *daños y perjuicios*. Los daños y perjuicios pueden entenderse como el daño sufrido. El daño se puede producir en forma de lesión física, como un brazo o una pierna rotos, daño físico y moral, daño moral, gastos médicos, lucro cesante o incapacidad permanente. El *daño físico y moral* constituye un concepto esquivo. Las palabras mismas definen mejor el concepto. Cuando usted sufre un daño físico, se espera que experimente algún dolor, aflicción o angustia emocional. Normalmente, en un caso por lesiones, se le solicita al jurado que atribuya una suma de dinero por ese daño físico y moral junto con los demás daños y perjuicios que se reclaman.

# Responsabilidad solidaria

Otro principio importante en cuanto a la responsabilidad en una causa por un delito civil es la *responsabilidad solidaria*. De acuerdo al principio de responsabilidad solidaria, cada demandado es 100% responsable por la sentencia pronunciada. Este principio se cuestionó bastante últimamente porque puede crear circunstancias en las que un demandado termina pagando más de lo que le corresponde en cualquier sentencia, particularmente si el otro demandado no puede pagar su parte.

La responsabilidad solidaria está profundamente arraigada en nuestro sistema jurídico. El objetivo fundamental es asegurar que el demandante pueda obtener un resarcimiento total de conformidad con la sentencia pronunciada. Luego los demandados contra quienes se dictó la sentencia deben decidir entre ellos si finalmente les corresponde compartir esa responsabilidad.

## Proporcionalidad de la culpa y culpa concurrente

Los diferentes estados tienen distintas formas de tratar las demandas por culpa. Algunos de ellos reconocen el concepto de *proporcionalidad de la culpa,* mientras que otros estados son conocidos como jurisdicciones de *culpa concurrente.* En una *jurisdicción con proporcionalidad de la culpa,* se puede comparar la culpa entre las partes. Por ejemplo, volviendo al caso del semáforo en rojo, si usted está en estado de ebriedad y tendido en medio de la intersección cuando es golpeado, habría obviamente algo de culpa de su parte. El jurado será instruido para comparar los diferentes niveles de culpa.

En ese ejemplo, el jurado podría concluir que el conductor tuvo el 50% de la culpa y usted el otro 50%. Si el jurado luego determina que los daños y perjuicios totales ascienden a US$ 100.000, usted sólo recibiría US$ 50.000 porque tuvo el 50% de la culpa.

En una *jurisdicción con culpa concurrente* no hay comparación de la culpa. Esto significa que si usted tuvo el 1% de la culpa y ésta fue una de las causas del daño que sufrió, no se admitirá el reclamo y no recibirá ningún resarcimiento. La culpa concurrente es un principio que tiene su origen en el derecho consuetudinario y que todavía es reconocido en algunos estados. Es en efecto un principio del derecho muy severo y en muchas circunstancias es injusto para personas que probablemente tengan derecho a algún resarcimiento por los daños y perjuicios que sufrieron, pero no a una indemnización del 100%.

## Defensas afirmativas

Existen diversas *defensas afirmativas* que pueden formularse con respecto a una demanda por ilícito civil. Las *defensas afirmativas* son excepciones que pueden ser interpuestas por el demandado y que constituyen un obstáculo total para la demanda. Una de esas defensas afirmativas es la *prescripción liberatoria.* Cada estado determinó los plazos de prescripción para prácticamente cada tipo de demanda civil, ya sea una demanda por ilícito civil, una demanda contractual o de otro tipo. Si la demanda no se afirma dentro del plazo de prescripción establecido, no se la admitirá. En la mayoría de los estados, la presentación de la demanda se realiza cuando se inicia una acción en un tribunal. Algunos estados exigen la notificación real de la demanda al demandado antes de que finalice el plazo de prescripción.

Otra defensa que puede interponerse en una causa por ilícito civil es la *aceptación del riesgo*. La aceptación del riesgo surge cuando el demandante comprende la naturaleza del riesgo en cuestión y lo asume voluntariamente.

*Ejemplo:* *Si usted decide ir al supermercado en medio de una gran tormenta de hielo, sabiendo que no se puede circular por los caminos y senderos, y mientras camina desde su auto al negocio se resbala y se cae, probablemente usted asumió el riesgo de sufrir un daño. Usted sabía que corría un riesgo al salir en esas condiciones climáticas y voluntariamente eligió aceptar ese riesgo.*

# Daños por fallecimiento

Si el daño ocasionado trae como resultado la muerte de una persona, los sucesores de ésta pueden presentar una *demanda por fallecimiento derivado de un ilícito*. Las demandas por fallecimiento derivado de un ilícito se presentan cuando la parte que sufrió el daño no sufrió una simple lesión física, sino que falleció como consecuencia de la conducta ilícita del demandado. Estas demandas pueden basarse en una teoría de culpa, una teoría de incumplimiento de garantía o una teoría de delito civil, tal como amenazas y lesiones.

Las demandas por fallecimiento derivado de un ilícito constituyen un fenómeno bastante reciente. El sistema de *common law* no reconocía este tipo de acciones porque sostenía que una vez que la persona había fallecido, no había una suma de dinero que pudiera compensar la pérdida. Así, la demanda de una persona moría con ella. Sin embargo, con los años, las legislaturas estatales han llegado a reconocer que aun cuando la muerte puede poner fin al sufrimiento y a los daños y perjuicios que sufrió la persona que falleció, pueden haber quedado otras personas que hayan sufrido un daño y que pueden seguir sufriéndolos en el futuro como consecuencia de la muerte de esta persona.

Cada estado tiene su propia ley sobre el fallecimiento derivado de un ilícito que define exactamente qué daños y perjuicios pueden ser indemnizados conforme a tal ley. Generalmente, los daños y perjuicios que se indemnizan son aquellos que derivan del consuelo y el dolor experimentados por los sobrevivientes, el lucro cesante que sufrieron las personas a cargo del causante a raíz de su incapacidad para generar ingresos, todos los gastos médicos incurridos por él y los gastos funerarios.

# Capítulo doce

# Relaciones de familia

El área del derecho que rige las *relaciones de familia* es a veces llamado en términos generales derecho de divorcio o derecho de familia. Las relaciones de familia, sin embargo, abarcan mucho más que la simple presentación de una sentencia de divorcio. Cubre temas tales como el otorgamiento de la custodia de los menores, el pago de manutención al cónyuge y a los niños y la distribución de bienes en el caso de divorcio.

## Matrimonio

Existen dos tipos de matrimonio reconocidos—el *matrimonio de hecho* y el *matrimonio formal*. (La ley difiere de estado en estado en cuanto a si se reconoce el matrimonio de hecho). El *matrimonio de hecho* es el matrimonio en el cual una pareja cohabitó por el período de tiempo requerido (en general siete años) y se presentó en público como marido y mujer. Pueden hacerlo no sólo compartiendo la misma vivienda y la misma cama, sino quizás compartiendo incluso el mismo apellido, teniendo hijos, refiriéndose a ellos mismos como marido y mujer y realizando todas las actividades típicas que se podrían atribuir a una pareja casada. Si se reúnen esos requisitos, se considera que la pareja está casada ante los ojos de la ley de ese estado.

El *matrimonio formal* es celebrado por un ministro autorizado, un juez de paz u otro funcionario designado que tenga poder otorgado por el estado para realizar ceremonias de matrimonio civil.

## Anulación

Un matrimonio se puede concluir a través de la *anulación*. Las causales de anulación son definidas por la ley estatal. Esos causales pueden incluir circunstancias tales como la falta de capacidad por ser menor de edad, declaración falsa y dolosa de la intención de celebrar el matrimonio o mala fe, según se demuestre por el hecho de no consumar nunca el matrimonio, demencia o el hecho de no revelar una condena previa por delito grave. La anulación se diferencia del divorcio porque en lugar de finalizar el matrimonio, la ley considera que el matrimonio nunca existió.

### Es la ley

*La ley considera que un matrimonio anulado en realidad nunca existió.*

## Divorcio

Cuando una pareja se considera casada, ya sea de hecho o por medio de una ceremonia, ese matrimonio sólo se puede finalizar a través de una sentencia judicial. La *sentencia de divorcio* no necesariamente tiene que ser registrada en el estado donde las partes se casaron. Con mucha frecuencia, una o ambas partes pueden cambiar su domicilio para quedar bajo la jurisdicción de otro estado o país y así obtener un *divorcio rápido*. Esos tipos de sentencias de divorcio pueden ser válidos siempre que haya un cambio de residencia de *buena fe* y siempre que se notifique debidamente al otro cónyuge.

## Causales

Un divorcio puede otorgarse *con culpa* o *sin culpa*. Las *causales con culpa* de un divorcio son adulterio, abandono conyugal ficticio, crueldad y abandono conyugal real. Un *divorcio sin culpa* significa que no hay culpa atribuible a la otra parte, sino que simplemente las partes vivieron separadas por el período de tiempo requerido por la ley estatal con el propósito de terminar el matrimonio.

El *adulterio* es el acto de mantener relaciones sexuales con una persona que no sea el cónyuge durante el matrimonio. El adulterio es difícil de probar. Es poco común que el cónyuge adúltero sea descubierto *in fraganti*. Muy a menudo, el cónyuge engañado contrata detectives privados para que sigan al cónyuge adúltero, que fotografían o registran de algún otro modo sus movimientos cuando va a la casa del amante, pasa la noche allí y luego sale a la mañana siguiente. El tribunal generalmente aceptará esto como prueba del hecho de que existe un engaño ilícito.

El *abandono* es la partida intencional del hogar familiar sin el consentimiento del otro cónyuge. El *abandono conyugal ficticio* puede existir cuando un cónyuge creó circunstancias dentro del hogar tan intolerables que se considera que ha abandonado el matrimonio, aun cuando todavía resida físicamente en el hogar. Tal comportamiento puede presentarse en la forma de abuso, negación de relaciones sexuales u otra conducta grave que tenga como resultado fundamentalmente la terminación del matrimonio. La último causal culposa de divorcio es la *crueldad*, que se presenta en la forma de abuso mental o físico.

## Requisito de corroboración

Un elemento que diferencia el juicio de divorcio de la mayoría de los demás tipos de demandas civiles es que generalmente se debe cumplir con un requisito de *corroboración* de los elementos básicos de la demanda de divorcio. Es decir, las partes solas no pueden probar los causales de divorcio. Muchos estados exigen que un tercero corrobore la declaración de una o ambas partes para establecer los causales de divorcio. Por ejemplo, en una causa por adulterio, no es suficiente para establecer el adulterio que un cónyuge simplemente diga que vio al otro cónyuge tener relaciones sexuales con un tercero. Esa prueba debe ser corroborada por un tercero. El tercero podría ser el amante o, más comúnmente, un detective privado.

El motivo de este requisito de corroboración es que el estado tiene interés en preservar el matrimonio y por lo tanto no se debería permitir que las mismas partes a través de sus declaraciones o pruebas terminen el matrimonio. En los últimos años hubo un movimiento para liberalizar los fundamentos del divorcio en todo el territorio de los Estados Unidos. Algunos estados en realidad están intentando hacer más difícil el divorcio para las partes, estableciendo un período de espera mayor antes de que pueda pronunciarse el divorcio.

Muchos estados todavía clasifican las acciones de divorcio como *a mensa et thoro* o *divorcio vincular*. Un divorcio *a mensa et thoro* es literalmente una separación matrimonial sin ruptura del vínculo, que es un tipo de separación judicial que puede continuar hasta que se dicte la sentencia de divorcio definitiva. La sentencia definitiva se presenta en la forma de un divorcio *vincular* (de los vínculos del matrimonio). La sentencia de *divorcio* definitiva se pronuncia luego de que se cumple el período de separación establecido por ley o, en algunos casos, fundamentándose en algunos causales con culpa, como el adulterio. Un divorcio *a mensa et thoro* permite que las partes puedan obtener una separación judicial cuando no pueden obtener un divorcio pleno por razones religiosas u otras circunstancias.

## Defensas

La parte contra la que se inicia un juicio de divorcio puede oponer determinadas defensas a esa acción. Tales defensas pueden consistir en cosas tales como:

◆ condonación;
◆ consentimiento;
◆ justificación;
◆ negligencia procesal;
◆ reconciliación; y
◆ recriminación.

La *condonación* es el acto de perdonar la ofensa conyugal. Por ejemplo, si un esposo se entera de que su esposa ha cometido adulterio y a partir de ese momento la vuelve a llevar al lecho conyugal, eso se considera condonación de la ofensa conyugal de adulterio. De la misma manera, si una parte consiente a que la otra parte deje el hogar conyugal, eso es una defensa a una demanda por *abandono*. Si una parte tuvo una conducta grave que justifica la partida del otro cónyuge del hogar conyugal, eso puede constituir *justificación*.

La *negligencia procesal* es un tipo de defensa de prescripción liberatoria, pero no está regida por una sección explícita del código que establece un período de tiempo exacto dentro del cual puede iniciarse una demanda. Recuerden el debate anterior sobre reclamos bajo el sistema de *common law* y de *equidad*. Los procedimientos de divorcio se consideran reclamos bajo el sistema de *equidad* porque generalmente las partes no demandan por una suma de dinero explícita, sino que solicitan al tribunal que otorgue determinadas formas de reparación conforme al sistema de *equidad*—la adjudicación de un divorcio, el otorgamiento de la custodia o la distribución de bienes conyugales.

**Ejemplo:** *Julio demanda a Maribel en virtud de causales con culpa. Lo hace luego de que ha pasado un considerable período de tiempo desde que tuvo lugar la conducta culposa. Como consecuencia del transcurso del tiempo, Maribel se ve perjudicada por la pérdida de testigos o pérdida de pruebas. Esta situación puede dar lugar a la defensa de negligencia procesal.*

Otras defensas que pueden oponerse son la *reconciliación* y la *recriminación*. La *reconciliación* es fundamentalmente el hecho de que las partes volvieron a estar juntas. La *recriminación* como defensa puede ser aplicable cuando el cónyuge que inicia la demanda ha tenido también una conducta que puede ser causal de divorcio y eso constituye una defensa a la demanda.

## Custodia

Aunque el objetivo de la mayor parte del trabajo del derecho que rige las relaciones familiares es conseguir una sentencia definitiva de divorcio, el derecho de familia tiene muchas facetas adicionales. Si el matrimonio tiene hijos menores, el tribunal tendrá que otorgar la *custodia* a una o ambas partes en la sentencia de divorcio definitiva. En general, el tribunal también fijará una suma monetaria en carácter de *manutención para los hijos y manutención para el cónyuge* si es necesario.

Años atrás, muchos tribunales reconocían una presunción en temas de custodia que favorecía a la madre. Se asumía que ella era la persona adecuada a quien se le debería otorgar la custodia. Al padre se le otorgaban *derechos de visita*. Él podía estar con los niños en los momentos permitidos de acuerdo con las condiciones de la sentencia judicial. Además de los derechos de visita, el padre a menudo no tenía ningún otro derecho. Por ejemplo, generalmente, no tenía derecho a hablar con la maestra de los niños para saber cómo les iba, a involucrarse en sus actividades deportivas o incluso a ver sus historias clínicas.

En los últimos años, se fueron liberalizando los acuerdos de custodia. Hoy en día, lo más común es otorgar la *custodia legal conjunta*. Esto significa que cada padre conserva todos los derechos inherentes a la patria potestad para involucrarse en las vidas de sus hijos, aunque a un padre se le otorgue la *custodia física* y primaria de los hijos. El otro padre tendrá la custodia (o lo que de otro modo podría llamarse régimen de visitas) durante tiempos designados que establece el tribunal o que acuerdan las partes.

La regla general que aplica el tribunal para otorgar la custodia es determinar qué es *lo mejor para el niño*.

Cuando la custodia se disputa entre las partes, el tribunal tendrá en cuenta diversos factores para decidir qué padre debería tener la custodia física primaria. Tales factores pueden incluir:

- la situación laboral de los padres;
- la posibilidad de conseguir un servicio de guardería;
- el tiempo libre que el padre tendrá para involucrarse en las vidas de los hijos;
- quién tiene la posesión del hogar conyugal;
- cómo les está yendo a los niños en su escuela y vecindario;
- la situación económica de las partes;
- cualquier dificultad mental o emocional manifestada por cualquiera de las partes; y
- en cierta medida los deseos del niño (dependiendo de su edad). Cuanto mayor sea el niño, más probabilidades existen de que el tribunal contemple las pruebas con respecto a los deseos del niño.

Los abuelos también pueden tener derechos de visita. Normalmente, los derechos de visita de los abuelos no perjudicarán a ninguno de los padres, sino que por lo general serán otorgados durante el tiempo en el que el padre emparentado tiene el control físico real del niño.

En todo el territorio de los Estados Unidos se adoptó una ley conocida como la *Ley Uniforme de Aplicación y Jurisdicción de Custodia de Menores* para obtener cierta uniformidad entre los diversos tribunales estatales al otorgar la custodia de menores. Esta ley uniforme crea trabas para que los padres no secuestren o se lleven a los niños en secreto de una jurisdicción a otra con el propósito de obtener un foro más favorable que decida la controversia. Además, asegura que la decisión sobre la custodia pronunciada por el tribunal de un estado será reconocida en los tribunales de otros estados.

> ## Es la ley
> *Los abuelos también pueden tener derechos de visita.*

Un concepto que muchas veces no se tiene en cuenta al determinar la tenencia es la *violencia familiar.* Se ha escrito bastante sobre este tema y la mayoría de los estados hoy en día reconocen la existencia de la violencia familiar como un factor importante para determinar qué padre debería tener la custodia. En muchos casos, el padre que comete los actos de violencia familiar no será la persona adecuada para tener la custodia. Debido al impacto destructivo que ese padre tuvo en la unidad familiar, los niños que presenciaron el abuso conyugal son más propensos a tener ese comportamiento.

## Cambio de la custodia

Es muy frecuente que, después de que se haya dictado una sentencia definitiva de divorcio, el padre que no obtuvo la custodia presente una petición ante el tribunal solicitando el cambio de la custodia a su favor. Generalmente esas peticiones se basan en algún cambio sustancial en las circunstancias que afectan los intereses del niño.

Una vez que se le otorgó la custodia a una parte, para justificar un cambio generalmente es necesario que haya alguna conducta notoria por parte del padre que tiene la custodia o algún cambio importante en las circunstancias. El criterio preponderante es que, aunque el acuerdo actual tal vez no sea perfecto, los niños tienden a implorar estabilidad en sus vidas. Por lo tanto, el tribunal debe ver pruebas convincentes para cambiar el acuerdo estable.

## Adopción y paternidad

Otros temas sobre los cuales puede tener que pronunciarse un tribunal de relaciones familiares son la *adopción* y la *legitimidad de los hijos*. Los procedimientos de *adopción* se rigen estrictamente por la ley estatal. El tribunal supervisa el procedimiento de adopción para asegurar que los nuevos padres adoptivos sean personas aptas y apropiadas para poseer la custodia del niño. El procedimiento implica una evaluación inicial de los padres adoptivos antes de que efectivamente reciban al niño. Luego hay un período durante el cual el niño podrá estar con los nuevos padres en forma provisoria. Por último, se revisará nuevamente todo el caso antes de dictar una sentencia definitiva de adopción. Una vez que se dicta la sentencia de adopción, el niño adoptivo adquiere la misma condición que un hijo natural de la pareja.

Otro tema que puede surgir en el curso de los litigios de relaciones familiares es el de *legitimidad* o *paternidad*. Si un hombre ha engendrado un niño, la madre tiene derecho a reclamar al padre pagos de manutención para el niño. Si la pareja no está casada, pueden existir controversias sobre la paternidad. Eso es bastante fácil de resolver con un análisis de sangre. Una vez que se establece la paternidad, se le ordenará al padre biológico o al padre que no posee la custodia que provea alimentos para el niño en base a su nivel de ingresos y a las necesidades del niño.

## Pagos de manutención para el niño

Al adjudicar la manutención para el niño, ya sea en una causa de divorcio o en una causa por paternidad, el tribunal tiene en cuenta diversos factores para determinar cuál será el monto de ese sostén económico—el ingreso respectivo de las partes, las necesidades económicas de éstas y si están totalmente empleadas o subempleadas. Hoy en día muchos estados tienen pautas establecidas por ley con respecto a los montos de la manutención para el niño. Esas pautas están publicadas en el código del estado y se basan en los ingresos brutos de las partes. De esta forma, se aplica una fórmula para determinar la suma de dinero exacta que le corresponde dar al padre que no posee la custodia primaria para la manutención del niño.

## Pagos de manutención para esposos

Cualquiera de las partes de un juicio de divorcio puede solicitar también *pagos para el esposo/la esposa* o lo que se conoce tradicionalmente como *manutención*. Esto es algo que lo puede reclamar tanto el esposo como la esposa. El método práctico general es que aquel que constituye el principal sostén de la familia está obligado a mantener a la otra parte con el estilo de vida al que se han acostumbrado durante el matrimonio. En la práctica eso a menudo no es posible. Si una pareja vivía con US$ 45.000 al año antes del divorcio y el marido es el único sostén de la familia, una vez que se divorcien habrá obviamente una reducción en el estilo de vida.

## Distribución de bienes

La *distribución de bienes* adquiridos durante el matrimonio es otro tema que un tribunal de relaciones familiares debe resolver como parte de un juicio de divorcio. La distribución de bienes puede ser muy complicada cuando se trata de bienes inmuebles, acciones y bonos que han apreciado su valor, o pensiones y planes de retiro. A menudo se requiere un análisis realizado por un contador público o un economista para establecer el valor total de los mismos. Luego deben hacerse recomendaciones al tribunal con respecto a cómo cada parte contribuyó al aumento del valor de esos activos y cuál es el valor total de los activos.

Por ejemplo, si las partes han estado casadas por veinte años y durante el matrimonio el esposo trabajó siempre para la misma compañía y le corresponde jubilarse dentro de un año, ¿la esposa tiene algún derecho sobre su jubilación? La respuesta general a esa pregunta es sí. ¿Eso significa que ella obtiene la mitad de todos sus pagos por jubilación? Eso también está regido estrictamente por la ley estatal, pero los factores generales que se tendrán en cuenta son cuántos años de aquellos elegibles para obtener la jubilación coincidieron con los años de matrimonio, el aporte real de cada parte a ese activo conyugal y en qué medida se usaron activos prematrimoniales para adquirir lo que ahora se considera un activo conyugal.

## Acuerdos prenupciales y post-nupciales

A menudo, las partes evitan la intervención de un tribunal en la distribución de bienes al celebrar un *acuerdo prenupcial* con anterioridad al matrimonio o al celebrar un *acuerdo post-nupcial* luego de que las partes han acordado separarse. Un *acuerdo prenupcial* es un acuerdo que establece, antes del matrimonio, los derechos que tendrá cada parte sobre los bienes conyugales en caso de divorcio. Estos tipos de convenios son cada vez más comunes, particularmente en los segundos matrimonios.

Un *acuerdo de liquidación post-nupcial* es un acuerdo o contrato celebrado entre los esposos luego de que han acordado separarse donde se establecen las condiciones de toda distribución de bienes, arreglo de custodia y obligaciones de sostén económico.

# Capítulo trece

# Derechos del locador/locatario

La relación entre un locador y un locatario se rige por un contrato. Ese contrato se denomina *locación*. Una *locación* es un acuerdo entre el locador y el locatario en el cual el locador acuerda permitir al locatario ocupar un edificio o una propiedad del locador generalmente en contraprestación del pago de un alquiler periódico. Cualquier controversia con relación al derecho locador/locatario debe observarse en primer lugar por lo que diga la locación con respecto a los derechos y obligaciones de las partes.

Las condiciones específicas de la locación pueden ser reemplazadas ya sea por leyes locales, estatales o federales. La ley federal sólo entra en juego con respecto a la discriminación. Las leyes federales de vivienda están diseñadas para brindar vivienda a todas las personas sin tener en cuenta una clasificación. Muchos gobiernos locales y estatales han promulgado leyes sobre la relación locador/locatario. (Normalmente, las leyes locador/locatario son aplicables sólo a locaciones residenciales).

Una *locación residencial* es una locación entre un locador y una persona que tiene como intención ocupar ese espacio para su residencia. Una *locación comercial*, por otro lado, es una locación entre un locador y un locatario que ocupa el espacio para motivos comerciales o de negocios.

> ## Es la ley
> *Las condiciones específicas de la locación pueden ser reemplazadas ya sea por leyes locales, estatales o federales.*

Las leyes locador/locatario pueden tener diferentes formas incluyendo cuestiones tales como el control de alquileres, la obligación del locador con respecto a los depósitos de garantía, las obligaciones del locador de mantener la propiedad en condiciones habitables y muchas otras cuestiones. Un tema frecuente de controversia entre locador y locatario es la devolución del depósito de garantía al finalizar la locación. Las leyes estatales o locales o la locación misma rigen la forma de manejar el depósito de garantía.

Para establecer en forma completa los respectivos derechos y obligaciones de las partes de una locación, primero hay que observar la locación misma y luego determinar si existen disposiciones legales locales o estatales que puedan invalidar o reemplazar cualquier disposición contenida en el contrato de locación. Por ejemplo, si un locador, al renovar una locación residencial, opta por aumentar el alquiler, pero la ley pertinente de control de alquileres impide dicho aumento del alquiler, esa ley invalidará las condiciones de la locación. El locador no puede obtener más de lo que la ley permite en lo que concierne al alquiler, incluso si lo acuerda con el locatario.

De la misma forma, si la locación dispone que el locador no es responsable del mantenimiento de la propiedad, eso también puede ser invalidado por las leyes locador/locatario aplicables en esa jurisdicción. Puede imponer expresamente la obligación del locador de mantener la totalidad de la propiedad en condiciones habitables y razonables. De hecho muchas leyes locador/locatario no sólo imponen esa obligación al locador, sino que también otorgan al locatario el derecho de *rebajar* o reducir el alquiler si el locatario tiene que incurrir en gastos para hacer razonablemente habitable la propiedad.

Una frecuente fuente de litigios la constituyen los *desalojos* de los locatarios por parte de los locadores. En las locaciones residenciales, un locador generalmente tiene prohibido desalojar a un locatario sin obtener primero una orden judicial. El propósito de exigir la participación del tribunal es proveer cierto grado de neutralidad y supervisión del proceso de desalojo para que el locador no desaloje al locatario injustamente.

El alcance de las leyes que rigen la relación locador/locatario puede expandirse aún más al utilizar la jurisprudencia para interpretar las leyes locador/locatario de esa jurisdicción.

# Locaciones

Una *locación*, por ser un contrato, está sujeta a todos los comentarios realizados anteriormente en la sección sobre contratos. Además, hay varias disposiciones contenidas en una locación que ambas partes deben tener muy presentes.

◆ *Destrucción.* A menudo la locación estipulará los derechos del locatario si la propiedad fuera destruida por incendio u otra catástrofe. Una disposición bastante típica sería permitir al locatario declarar nula la locación si la propiedad no puede ser restaurada a su condición anterior dentro de los sesenta días. Lógicamente el locatario no debe pagar el alquiler durante el tiempo que la propiedad no está habitable. Sin embargo, dicha disposición puede ser sumamente perjudicial para el locatario ya que puede obligarlo a ocupar la propiedad el día sesenta si la misma es restaurada a condiciones habitables. (Eso no es de mucho consuelo para el locatario si no tiene donde vivir o donde llevar a cabo su negocio durante este período de sesenta días).

◆ *Sublocación.* A menudo un contrato de locación prohibirá la sublocación. Esto puede ser importante desde el punto de vista del locador ya que la norma jurídica general es que se puede ceder cualquier contrato (incluyendo una locación) salvo que haya una disposición dentro del contrato que establezca lo contrario. Una *cesión* significa simplemente que una parte del contrato puede ceder o vender sus derechos a un tercero. En el caso de un locatario, la sublocación de la propiedad es una cesión de los derechos del locatario a un tercero que tendría el derecho a ocupar la propiedad en lugar del locatario que firmó la locación. Sin embargo, si la locación lo descarta, es posible que la sublocación se prohíba. (Desde el punto de vista del locador es deseable una prohibición de este tipo porque el locador quiere saber con quién está tratando).

◆ *Usos.* La locación debería establecer en forma expresa cuáles son los usos que el locatario le dará a la propiedad y confirmar que esos usos no violen en ninguna forma reglamentaciones de la asociación del condominio, reglamentaciones de la asociación de propietarios, o reglamentaciones de urbanismo.

◆ *Impuestos, servicios públicos, seguro y gastos de condominio.* El contrato debería indicar quién es el responsable del pago de los mismos.

◆ *Depósito de garantía.* El contrato debería indicar explícitamente cuál es el monto del depósito de garantía, quién lo guarda, si es colocado en una cuenta que devenga intereses y cuánto tiempo tiene el locador una vez que finaliza la locación para realizar la contabilidad correspondiente y devolver el depósito de garantía.

◆ *Obligaciones y derechos de las partes.* La locación debería indicar cuáles son exactamente los respectivos derechos y obligaciones del locador y del locatario. Algunas cuestiones que deberían tratarse son: el derecho de acceso del locador, el derecho del locatario a hacer reformas, la necesidad de detectores de humo o monóxido de carbono y el uso de cualquier equipo pesado o artefactos eléctricos que pueden sobrecargar el sistema.

◆ *Subordinación.* Si el dueño de la propiedad está obligado con una hipoteca u otro derecho real de garantía equivalente sobre la propiedad, es prudente que el propietario establezca en el contrato de locación que la misma está sujeta y subordinada a todas las hipotecas y derechos reales de garantía equivalentes. La mayoría de las locaciones también estipularán que el locatario acuerda firmar a solicitud del locador todos los documentos que confirmen la subordinación o de forma alternativa que el locador está autorizado para firmar tales documentos en nombre del locatario. (Este tema surgirá sólo si la propiedad va a ser refinanciada o vendida y el prestamista exige algún tipo de confirmación de que, en el caso de una ejecución hipotecaria, su derecho a ejecutar la propiedad no se verá obstaculizado por la existencia de locatarios en la misma).

◆ *Responsabilidad conjunta.* Si hay dos o más locatarios en la locación, el contrato puede establecer en forma explícita que los locatarios son *responsables en forma solidaria.* Eso significa que en caso de un incumplimiento o violación por parte de los locatarios, el locador puede cobrar el 100% del dinero que se adeuda por la locación de cualquiera de los locatarios o de ambos. (Esa disposición favorece al locador ya que le permite cobrar el 100% del pago de la locación a cualquiera de los locatarios).

◆ *Garantía personal.* Si la locación está a nombre de una entidad comercial, el locador a menudo exigirá una garantía del dueño de esa entidad o de la persona que la administra. (Eso hace responsable a esa persona por la locación como si fuera nombrado locatario).

# Capítulo catorce

# Sucesiones

Las leyes sobre sucesiones rigen el traspaso de los bienes de las personas que han fallecido así como también de personas que en vida, ya sea voluntaria o involuntariamente, han transferido sus bienes a un tercero con el propósito de que los administre.

## Autenticación de un testamento

La ley que trata sobre los causantes a veces se denomina en inglés "*probate*". El término *probate* significa literalmente "validar." Lo que se valida en este caso es un *testamento*. Un testamento es una declaración escrita firmada por una persona indicando en forma explícita sus deseos con respecto a la disposición de sus activos después de su muerte. Un testamento nunca entra en vigencia hasta que esa persona fallece. Antes del fallecimiento de esa persona, el testamento puede ser modificado en cualquier momento asumiendo que la persona es capaz. Esa modificación se llama *codicilo*.

Algunos estados permiten testamentos manuscritos u *ológrafos*. Un testamento ológrafo debe estar escrito en su totalidad con la letra de la persona que lo firma. Es decir, nadie más puede escribir con su letra un testamento para usted. Si hay otras palabras en el testamento además de las suyas, el testamento puede ser considerado sin efecto. El problema con un testamento manuscrito es que no se *comprueba por sí mismo* ni se *autentica por sí mismo*. El albacea testamentario necesitará presentar testigos en el tribunal para comprobar que es auténtico.

La validez de un testamento puede ser recusada por varios motivos. Las recusaciones más comunes son dolo, intimidación o violencia. Todos estos conceptos se trataron en el capítulo 10 y aquellos comentarios se aplican aquí de igual modo.

El objetivo de un testamento es asegurarse una transferencia ordenada de los bienes de una generación a la siguiente. Si una persona fallece sin un testamento, la transferencia de sus bienes estará regida por las *leyes de sucesión intestada*. Las leyes de sucesión intestada constituyen aquel cuerpo de leyes estipulado en el código estatal que establece quién recibirá los bienes del causante si éste fallece sin dejar un testamento. Siempre es preferible tener un testamento ya que eso le da el control sobre cómo se transferirán sus bienes. Si usted no tiene un testamento, las leyes de sucesión intestada son las que dictaminan esto. La ley varía considerablemente de un estado a otro, pero en general estipula un orden de prioridad por el cual la mayoría de los bienes son transferidos al cónyuge supérstite. Si no hay un cónyuge supérstite, normalmente los bienes van a los hijos supérstite y, si tampoco hay hijos supérstite, quizás a los padres o hermanos del causante.

Si una persona fallece con un testamento, ese testamento debe ser validado. *Validar el testamento* significa simplemente presentarlo al secretario del tribunal local que tiene jurisdicción en materia de testamentos y sucesiones y probar que es auténtico. La mayoría de los testamentos se autentican por sí mismos. Eso significa que están atestiguados por la cantidad de personas que exige la ley estatal, otorgados ante un escribano público y contienen la terminología necesaria exigida por la ley estatal para que se comprueben o se autentiquen por sí mismos. Si el testamento se comprueba o se autentica por sí mismo, todo lo que se necesita hacer es que el albacea testamentario lo presente al secretario del tribunal. El secretario lo aceptará mediante el pago de la tasa de presentación correspondiente.

## Albacea testamentario

En un testamento usualmente se designa a un *albacea testamentario*. El papel del albacea testamentario consiste en recolectar todos los bienes del causante, informar al tribunal cuáles son esos bienes y luego supervisar la distribución ordenada de esos bienes conforme al testamento. Si una persona fallece sin dejar testamento, la persona designada para realizar esto normalmente se denomina *administrador* y cumple las mismas funciones generales que un albacea testamentario.

El tribunal local en el cual se validó el testamento se encarga de supervisar el proceso de recolectar los bienes, informar al tribunal y distribuir los mismos. Generalmente hay un funcionario judicial que está a cargo de esa supervisión. El propósito de la supervisión judicial es asegurar que se cumplan los deseos del causante.

La administración de la sucesión a veces puede llevar muchos años dependiendo del tamaño y complejidad del acervo hereditario y de las condiciones del testamento, incluyendo la administración de cualquier fideicomiso creado por el testamento. Como parte de la administración de una sucesión, se debe notificar a todos los potenciales acreedores el hecho de que se está administrando la misma. Esos acreedores tienen un período de tiempo designado para solicitar la verificación de créditos contra la sucesión. Si esos créditos no se presentan dentro del plazo estipulado, se consideran negados. En ese momento, pueden distribuirse los bienes del acervo hereditario luego del pago de todas las deudas legítimas del mismo.

## Impuestos

En la administración de toda sucesión, puede haber consecuencias impositivas considerables. Los impuestos por donación e impuestos sucesorios en forma de impuestos a los bienes que se reciben por herencia son denominados en general *impuestos a la transferencia*. El traspaso de los bienes puede ser mediante una donación o mediante una transferencia de dominio al momento de la muerte. Una sucesión que simplemente consta de una transferencia conyugal—de un cónyuge a otro—usualmente no involucra ningún impuesto sucesorio. En cambio, las consecuencias impositivas aparecerán cuando ese cónyuge supérstite fallezca. El objetivo de esta disposición impositiva es tratar de asegurar que el cónyuge supérstite tenga suficientes bienes durante su vida para poder mantenerse, pero al momento de su muerte la sucesión será gravada de acuerdo a la ley federal sobre impuestos sucesorios. Sin embargo, podrían haber impuestos sucesorios que deben considerarse.

Al determinar la responsabilidad sobre los impuestos sucesorios federales, lo primero que debe tenerse en cuenta es la *totalidad del acervo hereditario*. La totalidad del acervo hereditario incluye, como mínimo, el valor de todos los bienes de propiedad del causante al momento de su muerte que se transfieren a otra persona. Esto incluye el producto de algún seguro de vida y algún bien de propiedad conjunta. La totalidad del acervo hereditario a los efectos impositivos no necesariamente es igual al acervo hereditario que podría informarse al tribunal local a los efectos de la validación.

Una vez que se calculó la totalidad del acervo hereditario, existen determinadas deducciones admitidas que pueden tomarse para llegar a lo que se denomina sucesión gravable. Esas deducciones incluyen provisiones para la mayoría de las transferencias a un cónyuge supérstite (deducción conyugal), contribuciones para caridad y deducciones para determinados gastos y deudas.

El impuesto a la transferencia de bienes por donación está diseñado para ser un impuesto que complementa al impuesto sucesorio. El impuesto por donación es aplicable a toda transmisión gratuita de bienes durante la vida de una persona ya que una transferencia de esa naturaleza tiene el efecto de reducir el acervo hereditario sujeto al impuesto sucesorio al momento de la muerte. Existen determinadas exclusiones con respecto al impuesto por donación. Por ejemplo, cada año una persona tiene derecho a una exclusión anual por donaciones por la suma de US$ 11.000 a cada donatario. La donación será gravable sólo si la suma otorgada es mayor a esa suma exenta en un año a un donatario.

Generalmente, los bienes transferidos de un cónyuge a otro al momento de la muerte no están sujetos a ningún impuesto sucesorio. Si el cónyuge supérstite gasta parte de lo que heredó y al momento de su muerte conserva una suma menor a la exención del impuesto sucesorio, podrá transmitir esos bienes directamente sin ningún impuesto sobre su sucesión ya que la exención sería aplicable a eso. Esa suma exenta aumenta de un año a otro. En el año 2006, la suma exenta asciende a US$ 2.000.000. Para 2009, será de US$ 3.500.000.

> ## Es la ley
> *La totalidad del acervo hereditario a los efectos impositivos no necesariamente es igual a aquél informado a los efectos de validación.*

En la mayoría de los casos tiene sentido aprovechar esa exención para cada una de las partes. Para hacerlo, cada parte tendría que tener al momento de la muerte un acervo hereditario tan elevado como la suma exenta. Eso puede realizarse instituyendo un fideicomiso conyugal.

*Ejemplo:* *Supongamos que el acervo hereditario total de una pareja está por encima de la suma exenta. Supongamos también que el esposo fallece primero y se ha establecido un fideicomiso conyugal a beneficio de la esposa. La suma exenta se transferiría a la esposa directamente al momento de la muerte del esposo. El dinero restante estaría en un fideicomiso que podría usarse para el beneficio de la esposa de acuerdo a las condiciones del fideicomiso al momento del fallecimiento del esposo. El dinero que se conservó en fideicomiso sería transferido a la siguiente generación libre del impuesto sucesorio.*

*Si, por el otro lado, todo el acervo hereditario ha sido transferido a la esposa al momento de la muerte y suponiendo que no gastó nada del mismo, su acervo hereditario estaría sujeto a impuestos sobre la suma que exceda el monto exento.*

Las siguientes son algunas cuestiones importantes para recordar sobre los impuestos a la transferencia federales.

◆ Las sucesiones valuadas en el año 2006 por debajo de US$ 2.000.000 no están sujetas a impuestos. La valuación de una sucesión, sin embargo, incluye no sólo activos y propiedades en existencia al momento de la muerte, sino también el derecho al producto de determinados seguros de vida. Para los años 2007 hasta 2009, las sucesiones deben estar valuadas en los montos enumerados a continuación o por encima de los mismos, de lo contrario no están sujetas a impuestos de acuerdo al Impuesto Sucesorio Federal:

> 2006—$2.000.000
> 2007—$2.000.000
> 2008—$2.000.000
> 2009—$3.500.000

En el año 2010, el *Impuesto Sucesorio Federal* puede volver a ser como era antes de las enmiendas establecidas por ley— salvo que el Congreso decida otra cosa.

◆ Los bienes que se transfieren simplemente de un cónyuge a otro no están sujetos al impuesto sucesorio federal al momento de la muerte del primer cónyuge. Esos bienes pasan a estar sujetos a impuestos al momento de la muerte del segundo cónyuge. Hay varias maneras en las que puede reducirse la carga del impuesto sucesorio debido a ese hecho. El mecanismo principal es el *fideicomiso de la sucesión conyugal.*

# Tutela, poder y fideicomiso

Un segundo componente de la ley de sucesiones trata las transferencias de bienes voluntarias o involuntarias de una persona a otra durante la vida de esa persona. Esa transferencia se puede dar en la forma de un *fideicomiso* o *tutela* (*tutela judicial*). Una tutela se establece usualmente cuando una persona es considerada incapaz para administrar sus propios asuntos financieros y por lo tanto necesita que le asignen un tutor para que se los administre. En tal procedimiento, el tribunal local primero determina que la persona es incapaz o está de alguna otra forma incapacitada y luego designa a un *tutor* o *tutor judicial* para administrar los bienes de esa persona y quizás también para organizar la vida de esa persona. El tutor se convierte así en quien toma las decisiones para esa persona en todos los aspectos que permita la sentencia judicial.

Si la sentencia judicial autoriza al tutor a controlar en forma completa los activos de esa persona, esos activos serán administrados de la forma que el tutor considere mejor. El tutor debe obrar para el mejor beneficio de la persona que se ha declarado incapacitada (el *pupilo* o el *beneficiario*) e informar en forma periódica al tribunal en cuanto a dónde están los bienes, en qué medida se han

### Es la ley
*Un poder autoriza a otra persona a actuar en su nombre.*

gastado y en qué se han gastado. Un caso común en donde se instituye una tutela es cuando un padre ya es muy anciano o está muy enfermo para administrar sus propios asuntos. En ese caso, los hijos pueden solicitar al tribunal que se designe un tutor, quien luego administrará los asuntos financieros y personales de ese padre.

Otra forma de llevar a cabo este mismo objetivo de la tutela es a través de un *poder duradero*. Un *poder* es un documento mediante el cual una persona autoriza a otra para actuar en su nombre ya sea en general o para un propósito específico. El poder duradero es un documento firmado por la persona cuyos bienes serán administrados que establece expresamente que el poder continuará en caso de discapacidad del firmante. Por lo tanto, ese poder duradero continúa vigente después de que la persona pasa a ser incompetente.

Por ejemplo, un cónyuge que está por ser sometido a una cirugía grave puede firmar un poder duradero en favor del otro cónyuge, autorizándolo a firmar en su nombre cheques, transferencias de bienes raíces y a realizar todos los actos que el primer cónyuge podría realizar si fuera totalmente competente.

La ventaja de un poder duradero es que es menos formal que una tutela. La desventaja de un poder duradero es que no implica supervisión judicial y por lo tanto abre posibilidades para el abuso por parte del abogado o la persona que tiene el control.

Otro tipo de transferencia que puede estar sujeta a supervisión judicial es un fideicomiso. Un fideicomiso es simplemente un acuerdo, usualmente por escrito, mediante el cual una persona (el fideicomitente) transfiere bienes a otra (el fiduciario) para beneficio de un beneficiario. El *fideicomitente* y el *beneficiario* pueden ser la misma persona. Por ejemplo, usted puede transferir bienes a su esposa en fideicomiso para que ella lo maneje en beneficio de usted en caso de que pase a ser incompetente y no pueda administrar sus propios asuntos. Al hacer eso, usted en realidad ha transferido esos bienes a su esposa, convirtiéndola en la propietaria *legal* de los bienes, *pero* ella sólo puede usarlos para beneficio de usted. Cuando usted fallezca, los bienes del fideicomiso irían a los beneficiarios designados en el mismo.

Un fideicomiso puede registrarse en el tribunal local en algunas áreas. Si se registra, queda sujeto a la supervisión judicial casi al igual que con una tutela. Por otro lado, un fideicomiso que no está registrado funciona de forma muy similar a un poder, en cuanto a que no hay supervisión judicial sobre cómo se administran los bienes.

# Testamento en vida e instrucciones médicas por adelantado

Si usted alguna vez ha sido internado en un hospital por cualquier motivo, probablemente el personal del hospital le haya preguntado si usted tenía un *testamento en vida* o *instrucciones médicas por adelantado*. Las condiciones son un tanto diferentes en los distintos estados, pero su objetivo es el mismo—dar algunas instrucciones por adelantado a las personas que lo sobrevivan en cuanto a sus deseos en el caso de que usted entre en coma o de algún otro modo no pueda dar instrucciones por sí mismo con respecto a su futura asistencia médica.

En tales instrumentos, usted designa a un *agente* que puede tomar esas decisiones por usted, generalmente después de que dos médicos (o un médico y un psicólogo clínico autorizado) hayan determinado que es poco probable que usted recobre el conocimiento o alguna forma de vida significativa dentro de un período determinado. Estos documentos son muy poderosos ya que vuelcan una gran confianza en la persona que se designa como agente.

# Capítulo quince

# Impuestos

Los impuestos son algo con lo que todos están familiarizados. Usted puede tener que pagar impuestos a nivel federal, estatal y local. Los impuestos federales constan principalmente de impuestos a las ganancias e impuestos sucesorios. A nivel estatal, los impuestos pueden ser impuestos a las ganancias, impuestos a las ventas, impuestos a la herencia e impuestos a las licencias. A nivel local, los impuestos generalmente son impuestos a las licencias e impuestos a los bienes personales, aunque algunas localidades pueden tener la facultad de aplicar impuestos a las ganancias e impuestos a las ventas. (La complejidad de las leyes impositivas en todo el país excede por mucho el alcance de este libro).

## Impuestos federales

A nivel federal, el principal impuesto es el *impuesto a las ganancias*. La mayoría conoce este impuesto por medio de la presentación anual del formulario 1040 ante el IRS. El impuesto a las ganancias es relativamente nuevo, con una existencia de aproximadamente sólo cien años. El impuesto a las ganancias está diseñado para gravar todo aquello a lo que se haga referencia como ingreso o lo que podría de cualquier otra forma considerarse como *ganancia económica*. Esa ganancia se puede dar en forma de salarios, en forma de utilidades por la venta de bienes y títulos valores, ganancias provenientes del juego o ingresos por ganar la lotería.

Si compra acciones a cien dólares cada una y las vende a trescientos dólares cada una, la ganancia de doscientos dólares por acción que obtenga está sujeta a impuestos. El monto del impuesto que usted pagará depende en parte de si está sujeto a ganancias de capital de largo o corto plazo. Las *ganancias de capital de largo plazo* son las ganancias relacionadas con bienes que usted ha tenido por más de doce meses (generalmente) y están sujetas a un impuesto menor que las ganancias de capital o utilidades de corto plazo.

En términos generales, el monto del impuesto que usted paga depende del *grupo tributario* en el cual se encuentra. Actualmente existen diversos grupos tributarios diferentes que se rigen por su nivel global de ingresos.

Sea cual sea su ingreso, éste puede estar sujeto a determinadas deducciones y también a una diversidad de diferentes créditos que puede haber disponibles. Una *deducción* reduce su ingreso bruto ajustado. La deducción por interés hipotecario, el pago de impuestos estatales, el pago de impuestos a los bienes raíces y las deducciones por caridad constituyen deducciones comunes. Estas deducciones no reducen su carga tributaria dólar por dólar. En cambio, simplemente reducen el monto de sus ingresos sujeto a impuestos a la tasa impositiva que usted tenga.

Las deducciones contrastan con los *créditos fiscales*. Un *crédito fiscal* es una reducción dólar por dólar de su obligación fiscal. Por ejemplo, si el ingreso bruto ajustado es de cien mil dólares y el total de las deducciones es de cuarenta mil dólares, el ingreso imponible es de sesenta mil dólares. En ese nivel de ingresos, su obligación total puede ser de alrededor de veinte mil dólares. Si además usted tiene derecho a créditos, esos créditos reducirán esa obligación de veinte mil dólares dólar por dólar. De esa forma, si usted tiene derecho a cinco mil dólares en créditos, su carga impositiva real será sólo de quince mil dólares.

En algunos casos los ingresos que usted percibe pueden estar sujetos a *doble tributación*. Por ejemplo, si usted es el dueño principal de una sociedad por acciones y esa sociedad recibe ingresos, la sociedad puede tener que pagar impuestos sobre esos ingresos. Si usted luego distribuye esos ingresos para sí mismo como remuneración por ser un directivo o como dividendos de accionistas, esos ingresos pueden ser gravados por segunda vez como su ingreso personal. Esta doble tributación puede evitarse al designar a su sociedad como una *sociedad bajo el subcapítulo S*. En una *sociedad S* esta responsabilidad tributaria se transfiere al dueño o dueños particulares. En una *sociedad bajo el subcapítulo C* la responsabilidad tributaria puede existir tanto a nivel societario como también a nivel individual para los dueños particulares.

Otro impuesto federal es el *Impuesto Federal por Donación y Sucesorio*. En el capítulo 15, que trata sobre sucesiones, se analiza esta forma de impuestos.

## Impuestos estatales

A nivel estatal, los impuestos pueden tener diversas formas. El impuesto estatal a las ganancias que existe en la mayoría de los estados generalmente está adaptado al impuesto federal a las ganancias, en el cual la información de su declaración impositiva federal se transmite directamente a sus formularios de declaración estatal. El impuesto a las ganancias a nivel estatal generalmente es mucho menor que a nivel federal.

Otras formas de impuestos estatales incluyen el impuesto a las ventas, que es un impuesto sobre la venta de todos los productos. El *impuesto a las ventas* a menudo es llamado *impuesto regresivo*, ya que es desproporcionado para las personas de menores ingresos. Es decir, un impuesto del 4% sobre la venta de alimentos y otros artículos imprescindibles para alguien que gana US$ 200.000 por año tal vez atecte muy poco su presupuesto, pero a alguien que gana US$ 20.000 significa bastante.

También puede haber diferentes impuestos estatales a las licencias. Esos impuestos pueden ser en la forma de licencias para automóviles, *licencias profesionales* o *licencias laborales*. Muchas localidades tienen lo que se denomina un *impuesto sobre la licencia comercial*. En algunas jurisdicciones este impuesto se denomina *impuesto a los ingresos brutos*. Generalmente, la tasa para este impuesto es bastante baja, pero es un impuesto sobre esencialmente cada dólar que ese comercio recibe, independientemente del ingreso real que el dueño del comercio pueda obtener del mismo. De esa forma, un comercio puede tener ingresos brutos por US$ 1.000.000 y tener también gastos por US$ 1.000.000, en cuyo caso no se generan ingresos. Sin embargo, ese comercio pagará igualmente un impuesto a los ingresos brutos sobre el millón de dólares correspondiente a ingresos brutos.

# IRS

El Servicio de Impuestos Internos (IRS) es un organismo perteneciente al Departamento de la Tesorería. La oficina central del IRS se encuentra en Washington, D.C. Las oficinas regionales están divididas en siete áreas geográficas. En cada región hay diez centros de servicios que se ocupan fundamentalmente de la tramitación de las declaraciones de impuestos, las selecciones para auditoría y las auditorías internas.

En 1988, el Congreso promulgó una declaración de derechos del contribuyente. Esta declaración de derechos exige al IRS que informe al contribuyente con respecto a la determinación o recaudación de impuestos en términos simples y no técnicos. Los contribuyentes también tienen derecho a ser notificados en lo que respecta a los procedimientos para apelar decisiones desfavorables, realizar solicitudes de reintegro y presentar demandas del contribuyente. Además, el IRS debe notificar al contribuyente sobre los procedimientos de recaudación y cumplimiento conforme al Código fiscal.

Una declaración impositiva presentada ante el IRS puede ser revisada minuciosamente o no. En la mayoría de los casos, la revisión de la declaración en el centro de servicios es el comienzo y el final de la revisión que hace el IRS. No obstante, algunas declaraciones son enviadas para una revisión más profunda. Una pequeña cantidad de esas declaraciones son luego sometidas a una *auditoría*. Si el contribuyente cuestiona la determinación inicial de responsabilidad en el proceso de auditoría, el contribuyente puede apelar esa decisión dentro del IRS.

La teoría para las auditorías de declaraciones de impuestos es alentar a los contribuyentes a cumplir en forma voluntaria con las leyes tributarias. La selección de declaraciones para revisión implica un análisis por computadora así como una inspección manual de las mismas. El IRS lo que busca en esas declaraciones es una alta probabilidad de error que tiene como resultado un cambio considerable en el impuesto a pagar. Estas auditorías pueden realizarse en el centro de servicios o las más importantes pueden realizarse en la oficina del distrito.

Una auditoría a nivel de la oficina del distrito puede consistir en una auditoría de oficina realizada por auditores impositivos en una oficina del IRS o puede consistir en una auditoría de campo, que implica que el agente a cargo de la revisión haga una cita en una fecha y lugar convenientes para el contribuyente. En estas auditorías, el contribuyente tiene derecho de que esté presente su contador o abogado. Los posibles resultados de una auditoría son:

◆ ningún cambio en el impuesto a pagar;
◆ un ajuste propuesto, firmando el contribuyente una renuncia a recibir notificación sobre cualquier insuficiencia; o
◆ un ajuste propuesto, negándose el contribuyente a aceptar cualquier ajuste propuesto por el auditor.

En esos casos refutados, el contribuyente recibirá una carta de treinta días. Esta carta da derecho al contribuyente a presentar una protesta por escrito a los ajustes propuestos para el impuesto a pagar. Si el contribuyente no responde la carta de treinta días, el IRS intentará entrar en contacto para saber qué desea hacer. Si no hay respuesta del contribuyente, el IRS envía una carta de noventa días llamada Notificación de Insuficiencia.

Si el contribuyente opta por protestar luego de recibir la carta de treinta días, el asunto puede ser revisado por la oficina de apelaciones del IRS. Si el contribuyente desea proseguir con la protesta, debe llevar el caso a un tribunal. Llevar un caso de impuestos al tribunal significa presentar una solicitud ante el tribunal fiscal federal o iniciar una demanda en el tribunal federal de primera instancia del distrito donde reside el contribuyente o en el tribunal federal contencioso administrativo en Washington, D.C.

Antes de que el tribunal federal de primera instancia adquiera competencia sobre dicho reclamo, el contribuyente debe pagar la insuficiencia en los impuestos. Esta es una distinción importante entre las demandas presentadas en el tribunal federal de primera instancia y aquellas presentadas en el tribunal fiscal. Al presentar un caso impositivo ante el tribunal fiscal federal no se exige al contribuyente pagar la insuficiencia antes de iniciar la demanda. Puede haber otras ventajas tácticas de presentar el caso en un tribunal en comparación con el otro dependiendo del distrito federal donde usted viva y las políticas fiscales vigentes en ese momento en el tribunal fiscal o tribunal contencioso administrativo.

# Capítulo dieciséis

# Bienes raíces

En parte, las leyes de bienes raíces son similares a las leyes de contratos en cuanto a que muchas operaciones de bienes raíces están basadas en un contrato. Un contrato para vender bienes raíces es un acuerdo entre un comprador y un vendedor para transferir un título de propiedad por un precio determinado. El *título de propiedad* se refiere al nombre de las personas o entidades identificadas como el propietario del documento legal que se conoce como *escritura*. Esas personas son identificadas como los *propietarios legales* o del *título* de la propiedad.

Otras personas pueden tener un *derecho real otorgado por el sistema de equidad* sobre la propiedad. Lo que eso significa es que antes de que se venda la propiedad, se debe cumplir con esos derechos reales o reclamos. Por ejemplo, un prestamista, el tenedor de un gravamen o tal vez un cónyuge cuyo nombre no aparece en la escritura pueden, como cuestión de derecho, tener un derecho real sobre la propiedad.

Un contrato de venta de bienes raíces puede contener muchas cláusulas de contingencia. Una cláusula de *contingencia* es una cláusula de un contrato que estipula que el contrato puede declararse nulo por una o ambas partes, a menos que se produzcan ciertos acontecimientos. Por ejemplo, una cláusula estándar de un contrato de bienes raíces comercial es lo que se conoce como una *contingencia de viabilidad*. Por lo general, la contingencia de viabilidad otorga al comprador en cualquier lugar de treinta a sesenta días para estudiar la propiedad a fin de determinar si ésta puede utilizarse para el fin comercial que el comprador pretende darle. El estudio por parte del comprador puede abarcar la revisión de las normas de urbanización, estudios del suelo para asegurarse de que el terreno sea apropiado para la obra deseada o estudios técnicos para determinar que el contorno del terreno sea apropiado para la obra deseada.

En un contrato residencial, se encuentra un tipo de contingencia similar. Se la suele conocer como *contingencia de inspección de vivienda*. Por lo general, la contingencia de inspección de vivienda otorga al comprador en cualquier lugar de cinco a diez días para hacer inspeccionar la vivienda para determinar si cuenta con la aprobación del comprador. En cualquier momento durante la contingencia de inspección de vivienda el comprador puede rescindir el contrato.

Otra contingencia que se encuentra en muchos contratos es la *contingencia financiera*. Es decir, la obligación del comprador de cerrar un trato depende de que el comprador obtenga la financiación o el dinero de un prestamista necesario en términos aceptables para el comprador para adquirir la propiedad. Si el comprador no puede hacerlo, se anula la obligación del comprador de ilegar a un acuerdo sobre el contrato. Una vez que se eliminaron todas las contingencias, el comprador y el vendedor deben llegar irrevocablemente a un acuerdo.

Normalmente, el perfeccionamiento en bienes raíces consiste en que las partes se presenten ante el estudio de un abogado o la oficina de un agente a cargo de la operación de cierre. Allí, el vendedor firma la escritura de la propiedad. El comprador firma todos los documentos financieros necesarios para obtener el préstamo. Luego, se firman otros diversos documentos para cumplir con los requerimientos del prestamista institucional que proporciona el dinero para la compra de la propiedad y de la compañía de seguro del título que garantiza que se transfiera un título perfecto al comprador.

Cuando se realiza el *perfeccionamiento* o *cierre* (por lo general, ambas frases se usan indistintamente), el título de propiedad se transfiere de un vendedor a un comprador. La transferencia del título se lleva a cabo mediante un documento que se conoce como escritura. Una escritura es un instrumento escrito firmado por el vendedor, que identifica la propiedad en cuestión a través de una descripción legal precisa y declara la naturaleza del derecho de dominio transferido del vendedor al comprador.

Luego, la escritura puede inscribirse en el tribunal a modo de notificación para todo el mundo de que el vendedor ya no es el propietario de la propiedad, sino que la transfirió al comprador en la fecha en cuestión. La transferencia entra en vigencia una vez que la escritura es entregada en mano al comprador por el vendedor. La entrega suele producirse al momento del perfeccionamiento cuando el vendedor firma la escritura y luego se la presenta al agente a cargo del perfeccionamiento que representa al comprador.

Hay algunas formas diferentes de titularidad de un dominio que pueden transferirse. Las formas más comunes de titularidad del dominio se denominan dominio legal y dominio equitativo. El *dominio legal* se establece revisando la escritura para determinar a quién se reconoce en ese momento en la escritura como el propietario. El *dominio equitativo* se refiere al derecho real que otra persona o entidad, como un banco, puedan tener sobre la propiedad.

**Ejemplo:** *Roberto y Mariposa compraron una propiedad hace veinte años. Cuando compraron la propiedad, firmaron una escritura mediante la cual la propiedad les fue transferida. Son los propietarios del dominio de esa propiedad. Nunca vendieron esa propiedad. Sin embargo, transfirieron el dominio equitativo al prestamista que, en primera instancia, les prestó el dinero para adquirir la propiedad. Asimismo, refinanciaron la propiedad varias veces; por lo tanto, firmaron otros documentos por los cuales transfirieron el dominio equitativo a esos prestamistas subsiguientes.*

Distintas jurisdicciones tratan la refinanciación de bienes raíces en formas diferentes. En algunos estados, la forma de financiación de bienes raíces que se utiliza para un comprador de bienes raíces es una *hipoteca*. En otros casos, puede ser una *escritura de fideicomiso*. Si bien esos documentos diferentes pueden tener significados muy distintos, el efecto es casi el mismo—otorgar un derecho real de garantía sobre su inmueble al prestamista que le dio el dinero para adquirir la propiedad o refinanciarla.

Si usted no realiza sus pagos mensuales oportunamente, el prestamista puede decidir *ejecutar la hipoteca*. Si se *ejecuta la hipoteca*, quiere decir que se va a vender su propiedad en una subasta pública en la que cualquiera puede hacer una oferta por ella. El objetivo del prestamista en esa instancia es recuperar todo el dinero prestado que aún está pendiente de pago, más cualquier interés devengado, gastos, honorarios del síndico y/u honorarios del abogado en los que haya incurrido al tener que ejecutar la hipoteca.

**Ejemplo:**  *Supongamos que compra una propiedad por cien mil dólares y obtiene la financiación del noventa por ciento (el noventa por ciento del valor de compra proviene de un prestamista). Eso significa que usted tendría que poner de su bolsillo diez mil dólares para cerrar el trato y adquirir la propiedad. En el perfeccionamiento, recibirá una escritura del vendedor que indica que se le ha transferido el dominio legal. Asimismo, también firmaría una hipoteca o escritura de fideicomiso por la cual conferiría dominio equitativo al prestamista para garantizar el préstamo de US$ 90.000.*

*En virtud de las cláusulas de ese documento, el prestamista le otorga el derecho a permanecer en la propiedad y considerarla su hogar, pero, a cambio, debe garantizarle que usted asegurará y mantendrá la propiedad adecuadamente y, lo que es más importante, que efectuará los pagos mensuales con puntualidad. Si no cumple con esas cosas, el prestamista puede ejecutar la hipoteca e intentar vender la propiedad para recuperar los noventa mil dólares y el interés pendiente más cualquier tipo de gastos adicionales en los que se haya incurrido.*

*Si se ejecutara la hipoteca y la propiedad se vendiera en una subasta pública poco tiempo después de que usted la compró, es poco probable que el prestamista pueda vender la propiedad por mucho más de lo que usted pagó por ella; así, posiblemente no habría excedente o sobrante en el valor de venta que le correspondería a usted.*

## Prescripción adquisitiva

Como se señaló, la forma tradicional por la cual una persona adquiere la titularidad de una propiedad es por medio de la escritura. Existe un principio en la ley de bienes raíces que se conoce como *prescripción adquisitiva,* que es otra manera mediante la cual una persona puede adquirir la titularidad de una propiedad.

**Ejemplo:** *Usted decide que le gustaría utilizar el pequeño lote ubicado junto a su hogar para estacionar su embarcación. Sabe que el lote es propiedad de su vecino. Usted estaciona su embarcación en esa propiedad y la usa y mantiene para fines propios* libre, abierta y exclusivamente *durante un tiempo. Al hacer eso, puede obtener la prescripción adquisitiva de esa propiedad.*

El período de tiempo durante el cual usted debe ejercer la posesión de la propiedad para obtener la *prescripción adquisitiva* de la misma es dictaminado por la ley estatal. Generalmente, lleva de veinte a cuarenta años. Una vez que finalizó ese período de tiempo y el verdadero titular del dominio no objetó el uso de la propiedad, la ley puede declarar que usted es el propietario por prescripción adquisitiva. Sin embargo, para adquirir verdaderamente el título de esa propiedad, se debe iniciar un juicio de modo que el tribunal confirme que usted adquirió la propiedad por prescripción adquisitiva.

## Contratos de bienes raíces

Si está contemplando la posibilidad de celebrar un contrato de bienes raíces, debería hacer que un abogado revise ese contrato. Todas las cuestiones mencionadas anteriormente en relación con los contratos serían aplicables a un contrato de bienes raíces. Además, debería tener en cuenta lo siguiente en forma particular.

## Descripción de la propiedad

La propiedad debe describirse de forma exacta. Hay muchas maneras de describir una propiedad. Puede describirse por medio de un domicilio. A los fines de un contrato residencial, el domicilio puede ser suficiente. No obstante, debería agregarse la llamada descripción legal. La descripción legal es la descripción declarada en la escritura mediante la cual el propietario actual adquirió la propiedad. Con frecuencia, se puede hacer referencia a esa descripción legal por medio de una subdivisión con un número de sección y un número de lote.

### Es la ley

*La determinación de los verdaderos propietarios de un bien inmueble puede ser muy compleja.*

Otra manera de describir un bien inmueble es por medio de un *número de impuesto* o *número de mapa de impuestos*. Muchas jurisdicciones han dividido cada propiedad en números con fines impositivos.

Otra manera de describir un bien inmueble se denomina descripción por *medidas y límites*. La descripción por *medidas y límites*, normalmente realizada por un agrimensor, es una descripción en la que el agrimensor describe todo el perímetro de la propiedad en términos de distancia y orientación de la brújula.

No es raro que la gente celebre un contrato de bienes raíces pensando que están comprando una propiedad y en realidad terminen adquiriendo el título de una propiedad diferente. Si tiene dudas respecto de qué propiedad está comprando, debe realizar un estudio topográfico e incluso reunirse con el agrimensor en la propiedad de modo que pueda recorrer los límites de la propiedad realmente.

## Depósito de seña o arras

El *depósito de seña* es una suma de dinero que, literalmente, está diseñada para mostrar que la persona que realiza la oferta para comprar la propiedad *realmente* tiene intenciones de comprarla. Si usted realiza una oferta para comprar una propiedad de un millón de dólares, pero efectúa un depósito de sólo cien dólares, eso indica que realmente no tiene intenciones de hacerlo. No hay un requisito estricto respecto de cuánto debe ser el depósito de seña. Sin embargo, la suma suele oscilar entre el 5% y el 10% del precio total del contrato.

Se debe indicar claramente cómo se va a conservar dicho depósito de seña. Si se va a pagar mediante cheque, por lo general, se extenderá a un agente de bienes raíces involucrado en la operación quien luego lo depositará en su cuenta de depósito en garantía. Si el contrato finalmente *se formaliza* (se aprueba por completo), el contrato debe estipular quién obtendrá el depósito de seña en caso de que una o ambas partes no cumplan con una o más cláusulas del contrato. El depósito de seña será acreditado contra el precio total en el perfeccionamiento.

## Financiación

Generalmente, la mayoría de las compras de bienes raíces serán financiadas por un *prestamista institucional*—un banco o compañía hipotecaria. Las *condiciones de financiación* (el *monto* a ser financiado, la *tasa de interés*, el *término del pagaré*, etc.) deberían estipularse en detalle en el contrato. Desde el punto de vista del comprador, el contrato debería estar obligado a estas condiciones a fin de otorgar al comprador el mayor poder posible para desligarse del mismo si no obtiene la financiación que está buscando.

Si existe algún tipo de financiación provista por el vendedor, también debe estipularse en el contrato. Por ejemplo, si la propiedad se vende por cien mil dólares y el comprador obtiene cincuenta mil dólares del valor de esa compra de un banco y el vendedor va a tener un *pagaré* por cincuenta mil dólares por el saldo del valor de compra, los términos específicos para cada uno deberían estipularse en el contrato. Es probable que el pagaré del banco esté garantizado por una escritura de fideicomiso de primer grado contra el bien inmueble y el pagaré del vendedor por una escritura de fideicomiso de segundo grado. Un pagaré es un documento firmado por una persona o entidad que promete pagar dinero a otra persona o entidad bajo ciertas condiciones (tasa de interés, fecha de vencimiento, lugar de pago, modalidad de pago, etc.).

## Contingencias

En la mayoría de los contratos de bienes raíces, hay una contingencia financiera. Esto significa que la obligación del comprador de realizar el perfeccionamiento depende de que obtenga la financiación (dinero para la compra) de un prestamista según las condiciones especificadas en el contrato. Si el prestamista rechaza la solicitud de préstamo del comprador, por lo general, el comprador no puede cerrar el acuerdo. Comúnmente, en un contrato de bienes raíces residencial, el comprador debe obtener un compromiso de préstamo por parte del prestamista antes del perfeccionamiento y, cuando obtiene dicho compromiso, se puede eliminar la contingencia financiera.

No obstante, la eliminación de la contingencia financiera es siempre peligrosa ya que podrían surgir situaciones en las que el comprador no puede obtener la financiación del prestamista. El comprador siempre quiere obtener una forma de desligarse del contrato en caso de que no consiga la financiación. Por otra parte, el vendedor quiere comprometer al comprador haciendo que se elimine la contingencia financiera en algún momento antes del perfeccionamiento. Otro tipo de contingencia sería una contingencia de inspección o viabilidad, como se mencionó antes.

## Título de propiedad

El contrato debe especificar que el vendedor otorgará *título perfecto* de la propiedad. El título de propiedad se puede transferir de diversas maneras en diferentes jurisdicciones. Por lo general, el título se puede transferir mediante una *escritura traslativa de dominio con garantía del título general*. Esto significa que el vendedor representa que tiene título perfecto y que otorgará título válido al comprador (con la única excepción de todo lo que pueda estar señalado en la póliza de seguro de título que adquirió el comprador).

Normalmente, el comprador debe adquirir una *póliza de seguro de título* para protección del prestamista. Asimismo, el comprador puede adquirir una póliza de seguro de título del propietario para su propio beneficio. El seguro de títulos está diseñado para asegurar que cualquier vicio en relación con el título será resuelto por la compañía de seguros de título, o la compañía de seguros de título tendrá que abonar al comprador o prestamista los gastos en los que se incurrió a consecuencia de problemas sin informar en cuanto al título. El seguro de título del *prestamista* protege sólo el derecho del mismo sobre la propiedad. El seguro de título del *propietario* brinda una protección más amplia y cubriría *cualquier* tipo de problema no dado a conocer respecto del título que puede surgir con la propiedad durante la titularidad del propietario. En la mayoría de las operaciones, tiene sentido para los compradores considerar la posibilidad de adquirir la póliza de seguro de título del propietario.

## Costos de cierre e impuestos

El contrato debería estipular los distintos costos de cierre que pueden estar asociados a la operación y si deberán ser pagados por el comprador o por el vendedor. Los impuestos de los bienes inmuebles deberían ser responsabilidad de la persona que posee el dominio hasta la fecha del perfeccionamiento y, de ahí en adelante, responsabilidad del comprador. En algunas ocasiones, pueden encontrarse los llamados *impuestos* roll back que podrían entrar en juego una vez que se vende la propiedad. El contrato debe consignar quién debe hacerse cargo de ellos. En la mayor parte de los casos, los impuestos *roll back* suelen aplicarse a la propiedad rural donde los impuestos han sido diferidos para promover el cultivo.

## Bienes muebles, instalaciones fijas o equipos

Si como parte de la operación se transfiere cualquier tipo de bienes muebles, equipos mecánicos u otras instalaciones fijas o muebles, el contrato debería indicar que todos esos artículos serán transferidos en el mismo estado en que se encontraban a partir de la fecha en que se firmó el contrato.

## Formalización

El contrato debería indicar expresamente cuál es la *fecha de formalización*. La fecha de formalización es la fecha en que todas las ofertas, contraofertas y contrademandas deben ser aceptadas o rechazadas—es la fecha en que las partes deben llegar a un acuerdo total sobre todos los temas abordados en el contrato escrito. La fecha de formalización es importante porque cualquier período de contingencia u otras fechas establecidas en el contrato se contarán a partir de esa fecha. Debería haber una cláusula al final del contrato en la que se manifieste expresamente la fecha de formalización.

## Declaraciones del vendedor y del comprador

Cualquier tipo de declaración realizada por el vendedor o el comprador debería establecerse en el contrato. Las declaraciones típicas efectuadas por el vendedor son aquéllas referidas a la posesión de un título perfecto, inexistencia de acciones legales pendientes que podrían impedir o perjudicar la venta de la propiedad, inexistencia de quiebra pendiente, imposibilidad de que la venta de la propiedad redundará en violación o incumplimiento por su parte e inexistencia de sustancias peligrosas ubicadas en la propiedad. Una declaración típica del comprador se refiere a que, si el comprador actúa en representación de una sociedad por acciones o sociedad de personas, éste goza de plena facultad para comprar la propiedad y firmar el contrato.

## Riesgo de pérdida

Se trata de una cláusula importante en cualquier contrato celebrado en relación con bienes inmuebles sobre los cuales se haya construido. Una vez que se formalizó el contrato para la venta del bien inmueble, el riesgo de pérdida puede transferirse al comprador. El incendio de la construcción sobre esa propiedad constituye pérdida para el comprador, aunque no se haya llegado a un acuerdo respecto de esa parte de la propiedad. Por consiguiente, es importante que el contrato manifieste expresamente que el riesgo de pérdida no se transfiere al comprador hasta la fecha de cierre.

## Comisiones de bienes raíces

Si toma parte de la operación algún agente inmobiliario, se deben indicar expresamente sus datos y sus comisiones. Si cualquiera de las partes firmaron un contrato de cotización bursátil o un contrato entre el corredor bursátil y el comprador, la mera referencia a dicho documento puede ser suficiente. Si no ha tomado parte ningún agente inmobiliario, también debería indicarse de manera expresa.

## Honorarios de abogados

Se deberían determinar los honorarios del abogado en caso de que haya violación o incumplimiento por alguna de las partes. Esto significa que, en caso de litigio, debería determinarse si la parte vencedora tendría derecho a percibir los honorarios de su abogado.

## Divulgación de información

Conforme a la ley federal, si una propiedad tiene pintura emplomada, esto debe informarse. Conforme a las leyes estatales, puede ser necesario informar o negar cualquier tipo de defecto en la propiedad. Si la propiedad es un condominio o parte de una asociación de propietarios, la ley estatal puede requerir que los documentos relativos a ese condominio o asociación de propietarios sean proporcionados al comprador antes de que el contrato entre en vigencia. Esos documentos pueden contener diversas restricciones respecto del uso de la propiedad.

# Capítulo diecisiete

# Quiebras

Años atrás, el Congreso de los Estados Unidos consideró que la quiebra era de suma importancia, por lo que se necesitaba codificar la ley y sustituir las leyes estatales que pudieran existir en esta materia. Este cuerpo de leyes sustituyó o reemplazó a las normas estatales relativas a la quiebra, es decir, tanto leyes escritas como quiebras jurisprudencia. El Código sobre la Quiebra es parte del Código de los Estados Unidos.

La idea general de nuestras leyes sobre quiebra constituye la protección brindada a las personas físicas o las empresas que se encuentran en apuros económicos para liberarlos en lo posible de las obligaciones financieras u otorgarles un respiro para que puedan solucionar sus dificultades financieras. Se espera que éstas puedan recuperarse para así poder cancelar las deudas en parte o en su totalidad.

Uno de los principales objetivos de la quiebra es liberar a un deudor honesto de sus deudas y, mediante ello, darle la oportunidad de comenzar de nuevo. Las leyes sobre quiebra también benefician a los acreedores al brindarles la posibilidad de la venta de manera ordenada, de cualquier tipo de bien que el deudor pueda poseer o para llevar a cabo un plan de pagos que posibilite el pago parcial o total a los acreedores. Los acreedores pueden ser privilegiados o quirografarios. El *acreedor privilegiado* puede concebirse generalmente como alguien que posee un derecho de garantía o lo que podría referirse como un *derecho de garantía real* (como la hipoteca) sobre una cosa. El *acreedor quirografario* puede ser una compañía de tarjetas de crédito o empresa telefónica que no cuenta con una garantía como respaldo.

En cada distrito federal, el Tribunal de Quiebras constituye una dependencia del tribunal federal de primera instancia y se le otorga la facultad para oír las causas judiciales mediante la remisión de dicho tribunal. Los jueces del Tribunal de Quiebras son designados por los Tribunales Federales de Apelaciones para ese circuito específico por períodos de catorce años.

Existen dos tipos básicos de presentaciones de quiebra personal—los procedimientos del Capítulo 7 y los procedimientos del Capítulo 13. Los casos del Capítulo 7 pueden considerarse como procesos de *liquidación* en los cuales los activos (si los hubiera) son liquidados (convertidos en efectivo) y utilizados para pagar a los acreedores en el orden de privilegios establecido. El *proceso para un asalariado* en virtud del Capítulo 13 está destinado al pago a los acreedores por

**Es la ley**

*Existen dos tipos básicos de presentaciones de quiebra— las presentaciones conforme al Capítulo 7 y las presentaciones conforme al Capítulo 13.*

el cual éste recibe la liberación o rehabilitación. Las demás diferencias entre estos dos tipos se analizan más adelante en el capítulo.

Algunos principios básicos que se aplican a todos los procedimientos de quiebra son los siguientes.

◆ El *deudor* (la persona que presenta la quiebra) debe, por ley, enumerar todos sus activos. Si oculta activos, el deudor puede estar sujeto a un juicio penal.

◆ El deudor debe enumerar todas sus deudas. Las deudas que no estén enumeradas no serán canceladas.

◆ Todas las deudas adquiridas antes de la presentación de la quiebra talvez no sean consideradas para ser canceladas si se las contrajo para defraudar a los acreedores. Por ejemplo, usted no puede salir y contraer una deuda de diez mil dólares con la tarjeta de crédito con la idea de presentarse en quiebra al día siguiente. Si lo hace, la deuda de diez mil dólares con la tarjeta de crédito tal vez no sea cancelada en el procedimiento de quiebra.

◆ Luego de presentar una solicitud de quiebra, el tribunal establece la *suspensión automática* que impide a los acreedores (personas que reclaman que el deudor les debe dinero) presentar o iniciar cualquier tipo de acción civil contra el deudor. La suspensión automática se mantiene hasta que el tribunal la levante o hasta que se otorgue la rehabilitación al deudor.

◆ Después de que uno se declara en quiebra, se celebrará una *audiencia de acreedores* en la que los acreedores pueden comparecer y examinar al deudor en cuanto a la ubicación y alcance de sus activos y la validez de otras deudas reclamadas.

◆ Las personas que tienen un crédito contra el deudor deben presentar una *solicitud de verificación de créditos*. Los créditos recibirán una determinada *prioridad*. Los créditos que poseen la prioridad más alta son los que posiblemente serán pagados en forma total. Otros créditos que tienen una prioridad más baja pueden ser cancelados sólo parcialmente o no ser cancelados en lo absoluto.

◆ Un deudor individual tiene derecho a determinadas *exenciones* ya sea bajo el Código de Quiebra o conforme a la ley estatal pertinente. Estas exenciones permiten al deudor conservar ciertas cosas. Esas cosas pueden comprender un vehículo, determinados artículos domésticos, libros y documentos y otras cosas que puedan contribuir a la producción de ingreso. Las leyes estatales rigen exactamente qué propiedad y cuánto dinero pueden estar exentos de sus acreedores, en cierta medida, si éste se declara en quiebra. Algunos estados son muy generosos con el deudor en ese sentido.

Por ejemplo, Florida es un estado bastante generoso con los deudores. A causa de esto, muchos sujetos involucrados en negocios de alto riesgo, como la urbanización, compran casas costosas en Florida de modo que, si sus empresas fracasan, pueden declararse en quiebra en Florida y así aferrarse a esa casa costosa y mantenerla alejada de los acreedores.

◆ Cuando se declara la quiebra, el objetivo de la mayor parte de los procesos es obtener un poco de respiro de los intentos de cobro realizados por los acreedores o recibir, en última instancia, una *rehabilitación*. Sin embargo, existen ciertas deudas que no se cancelan, tales como impuestos, pago de manutención a esposa e hijos, ciertos préstamos para estudios y otras categorías diversas de deudas.

◆ Una vez declarada la rehabilitación, el deudor es exonerado de toda responsabilidad personal por esas deudas canceladas. Una rehabilitación invalida automáticamente cualquier sentencia contra el deudor por responsabilidad personal sobre una deuda y actúa como un mandato judicial permanente que prohíbe a los acreedores actuar para recuperar la deuda cancelada de ese deudor en forma personal. No obstante, el deudor puede *reafirmar* la deuda si lo desea. La reafirmación debe cumplir condiciones específicas para que sea considerada válida. Reafirmar una deuda significa simplemente que usted hace una nueva promesa de pagar la deuda.

◆ Muchos contratos celebrados por el deudor pueden ser *repudiados* por el mismo. Esto se puede aplicar a contratos de compra, venta, locación, etc. Repudiar un contrato significa sencillamente que usted declara por escrito que no tiene intenciones de respetarlo. Bajo el Código de Quiebra, usted goza de ese derecho.

# Capítulo 7

El Capítulo 7 es un procedimiento presentado por una persona, sociedad de responsabilidad limitada o sociedad anónima en el que deben informar sobre todas sus deudas al tribunal y luego declarar todos los activos que poseen en caso de que éstos existiesen para saldar esas responsabilidades. Si no poseen activos para saldar las deudas, las personas finalmente recibirán una rehabilitación y sus deudas serán eliminadas. Si poseen activos para saldar las deudas, el tribunal puede disponer una distribución de los activos para pagar las deudas antes de otorgar una rehabilitación. Una rehabilitación bajo el Capítulo 7 sólo puede otorgarse a una persona física—una sociedad de responsabilidad limitada o sociedad anónima no puede recibir una rehabilitación. Estas últimas obtienen un alivio de los esfuerzos de los acreedores para cobrar.

Las declaratorias de Capítulo 7 son las más comunes para las personas. Se aconseja que una persona que se presenta en quiebra contrate a un abogado especializado en quiebras. Generalmente, los abogados especializados en quiebras establecen honorarios fijos para el manejo de una quiebra según el Capítulo 7 y, a cambio de esos honorarios, preparan todos los documentos necesarios para presentar en los tribunales, se presentan con usted en la audiencia de acreedores en la que usted será interrogado por los acreedores. En caso de que haya objeciones a la rehabilitación de sus deudas, el abogado lo representará respecto a cualquier tipo de procedimiento relativo a esas cuestiones.

Al presentar una solicitud de quiebra, es fundamental recordar que se debe realizar una declaración completa de todos los activos y pasivos. Si no lo hace, el Tribunal de Quiebras podría imponerle una multa. También es importante tener presente que el propósito de un procedimiento de quiebra no es, simplemente, obtener un respiro de sus acreedores. Para empezar, es deshonesto presentar la acción de quiebra si su única intención es suspender o anticiparse a los esfuerzos de cobro realizados por sus acreedores con la esperanza de que desaparezcan de modo que usted pueda desestimar el procedimiento de quiebra.

Si se determina que usted no posee activos para pagar las deudas que puedan deberse a sus acreedores, su caso será denominado un caso *sin activos*. El caso finalizará muy rápidamente ya que sus acreedores serán informados de que no deben presentar ninguna solicitud de verificación de créditos contra usted. Sin embargo, si cuenta con activos para saldar sus deudas, se informará a los acreedores para que presenten sus solicitudes de verificación de créditos. Luego los acreedores serán categorizados de acuerdo con su prioridad. Los acreedores que están garantizados por una hipoteca o escritura de fideicomiso contra una propiedad tendrán prioridad sobre los acreedores quirografarios. Se les puede permitir a los acreedores privilegiados que conserven su garantía y, como tal, su deuda particular no será cancelada ya que existe una propiedad u otro objeto de valor que puede utilizarse para pagar la deuda específica. Una vez que se determinó el alcance de sus activos que se pueden utilizar para pagar a los acreedores quirografarios, esos activos serán divididos entre los diversos acreedores quirografarios sobre la base de ciertas prioridades establecidas por el Código de Quiebra.

Como parte de este procedimiento de quiebra, el deudor finalmente recibirá una rehabilitación de todas sus deudas si se trata de un caso *sin activos* o de las deudas que no pueden saldarse si se cuenta con activos para distribuir.

Antes de contactar a un abogado especialista en quiebras, haga un esfuerzo de buena fe para negociar con sus acreedores, si existe alguna manera de implementar un plan de pago. Si se puede lograr eso, es mucho más recomendable que presentarse en quiebra. La presentación de la quiebra es una medida extrema y sólo debería realizarse si su situación financiera, es en realidad, desesperada. Trae aparejadas consecuencias perjudiciales en relación con su capacidad futura para obtener crédito, puede tener consecuencias en cuanto a su empleo y también involucra un cierto estigma personal.

**NOTA: Las reglas, procedimientos y el derecho de fondo que rigen los procedimientos de quiebra son únicos. Difieren de muchas otras reglas aplicables en casos civiles. Es muy importante contar con un profesional especializado en quiebras si, de hecho, está contemplando la posibilidad de presentarse en quiebra.**

# Capítulo 13

Una declaración de quiebra en virtud del Capítulo 13 se conoce como *plan del asalariado*. Los cambios efectuados a las normas de quiebra han obligado a más personas que se presentan en quiebra a hacerlo bajo el Capítulo 13. Las cuestiones fundamentales analizadas antes aún se aplican bajo estas normas. Este tipo de quiebra sólo puede ser presentada por personas que reciben salarios regulares como remuneración. Por ejemplo, una persona que trabaja en una compañía telefónica y recibe un cheque por quincena podría presentar un plan de asalariado. Sin embargo, un médico que trabaja por su cuenta y que recibe remuneración sólo en forma de las ganancias de su profesión no podría presentar un plan de asalariado. También existen límites respecto del monto de la deuda que una persona puede tener para efectuar una presentación bajo este capítulo. Bajo el Capítulo 13, se otorga una rehabilitación al deudor una vez que efectuó todos los pagos conforme al plan, a menos que se haya renunciado a éste.

# Capítulo dieciocho

# Empleo

La relación laboral entre un empleador y un empleado es una relación contractual. Es decir, si Maribel le ofrece a usted un trabajo en su compañía y usted acepta la oferta, habrá celebrado un contrato. Se han cumplido todos los elementos de un contrato—se realizó una oferta y hubo una aceptación de su parte, siendo la contraprestación el salario que recibirá a cambio de sus servicios. A veces, las personas celebran contratos escritos de trabajo. Si existe un contrato escrito de trabajo, debe revisarse y analizarse como cualquier otro contrato. Si alguna de las partes no cumple con ese contrato, como resultado, puede haber una demanda o juicio por ese incumplimiento.

Casi siempre, los contratos de trabajo son meramente verbales. Un aviso para el puesto puede contener algunos términos del contrato de trabajo (y ser prueba escrita de los términos del contrato), pero los otros términos del contrato, especialmente todo lo dicho en una entrevista, puede ser verbal. Ese contrato verbal de trabajo es tan válido como un contrato escrito de trabajo.

Un reparo o restricción sobre eso sería cualquier limitación impuesta por la *ley de formalidad escrita* que pueda existir en el estado en el que se encuentra el empleo. La ley de formalidad escrita constituye derecho legislado que puede variar de un estado a otro y que puede requerir que ciertos tipos de contratos se celebren por escrito para que sean exigibles. Los contratos que no pueden ejecutarse en el término de un año suelen estar regidos por la ley de formalidad escrita. Si le ofrecen trabajo por cinco años y esa oferta y su aceptación fueron meramente verbales, ese contrato tal vez no sea exigible por ese período de cinco años porque, sin duda, un contrato de trabajo de cinco años no se puede ejecutar en el término de un año. Por lo tanto, no sería exigible por la totalidad de su plazo en virtud de la ley de formalidad escrita.

Si bien un contrato de trabajo puede celebrarse por escrito, puede haber otra prueba en cuanto a las condiciones de ese contrato además de los anuncios de empleo y los acuerdos verbales que se hayan celebrado. Si el empleador posee un *manual del empleado*, el manual puede establecer las condiciones básicas de empleo que podrían ser prueba de las condiciones reales del contrato. Asimismo, dicha prueba podría existir en declaraciones escritas subsiguientes efectuadas por el empleador en relación con el tipo de empleo o en declaraciones escritas acordadas por el empleador y el empleado.

Un empleador debe ofrecer un entorno de trabajo seguro. Si el empleador no lo ofrece, puede ser responsable por los perjuicios que surjan. En general, esos perjuicios serían cubiertos por el seguro de indemnización por accidentes de trabajo. (Ver el Capítulo 19).

## Discriminación

Si bien la piedra angular de la relación laboral es el contrato, verbal o escrito, la relación laboral también está regida por leyes y ordenanzas locales, estatales y federales. A nivel federal, existen diversas leyes que prohíben la discriminación por parte de los empleadores. Pueden existir leyes similares a nivel estatal y local. La discriminación basada en la raza, género, religión, nacionalidad, preferencia sexual y estado civil puede estar legislada a través de estas diferentes leyes y ordenanzas.

## Leyes federales

A nivel federal, existen distintas leyes que se ocupan de la discriminación laboral. El *Título VII* de la *Ley de Derechos Civiles de 1964* (42 USC Sec. 2000 [e]) prohíbe la discriminación laboral, que incluye contratación, despido, remuneración, términos, condiciones o privilegios de trabajo, que se basen en la raza, el color de la piel, la religión, el género o la nacionalidad. Esta ley federal, como muchas leyes federales, sólo se aplica a empleadores que poseen una determinada cantidad de empleados. La lógica detrás de este requerimiento está relacionada a algunos temas constitucionales tratados en el Capítulo 1 en cuanto a la autoridad limitada del gobierno federal.

El gobierno federal, al ser un gobierno de jurisdicción o autoridad limitada, no puede, simplemente, aprobar leyes que rijan todos los aspectos de nuestras vidas sin que exista un fundamento constitucional para sustentar dicha ley. El gobierno federal puede invocar ese fundamento constitucional con respecto a la mayor parte de la legislación debido al impacto que ciertas cosas pueden tener sobre el *comercio interestatal*. Un pequeño empleador con sólo un empleado probablemente no tiene un verdadero impacto sobre el comercio interestatal. No obstante, un empleador con quince empleados posiblemente tenga algún tipo de impacto, aunque sea leve, en el comercio interestatal. Por consiguiente, dichos empleadores pueden estar sujetos a esta ley federal.

Otras leyes federales vinculadas con la discriminación son las siguientes. La *Sección 1981* de la *Ley de Derechos Civiles de 1866* (42 USC, sección 1981) prohíbe la discriminación racial en el trabajo. La *Sección 1983* de la *Ley de Derechos Civiles de 1871* (42 USC, párrafo 1983) prohíbe la discriminación racial bajo la apariencia de ley estatal. Esto significa que debe haber un organismo o empleado estatal involucrado en el acto discriminatorio. La *Ley de Discriminación Laboral por Edad* (29 USC, sección 621) abarca empleadores con veinte o más empleados y establece un grupo de edad protegido entre los 40 y 70 años con algunas excepciones. La *Ley de Remuneración Equitativa* (29 USC, sección 206 [d]) se ocupa de la discriminación salarial con motivo del género.

Las demandas presentadas bajo el *Título VII* pueden basarse en la teoría de tratamiento desigual o impacto desigual. Por lo general, el *tratamiento desigual* comprende algún tipo de discriminación intencionada, o puede fundarse en el hecho de que personas de diferentes razas y en una posición similar reciban un tratamiento desigual sin una adecuada explicación no racial. Una demanda por *impacto desigual* no considera el tratamiento específico de las personas, sino el impacto que pueden tener políticas de empleo particulares. Es decir que la política de empleo en cuestión puede ser aparentemente neutra, pero puede repercutir más severamente en un grupo en particular que en otros grupos. Eso puede ser el fundamento de una demanda por discriminación.

Otra ley federal que puede tener impacto en el trabajo es la *Ley sobre Estadounidenses con Discapacidades* (42 USC, sección 1210). La misma prohíbe a los empleadores la discriminación contra personas calificadas que poseen una discapacidad en relación con todos los aspectos laborales, incluyendo los trámites de solicitud del empleo, la contratación, los ascensos o el despido. La intención general de esta ley es que los empleadores y otras personas realicen algunos cambios razonables para las personas con discapaciadades para así garantizarles un tratamiento igual al de otras personas calificadas.

En 1993, el Congreso aprobó la *Ley de Licencia Familiar y Médica*. Esta ley permite a los empleados tomarse hasta noventa días de licencia con o sin goce de sueldo por emergencias médicas familiares. Se aplica a todos los empleadores del sector público y empleadores privados con cincuenta o más trabajadores. Algunos estados aprobaron leyes de carácter similar.

## Presentar una demanda

En relación con cualquiera de estas demandas por discriminación presentadas bajo la ley federal, es importante tener en cuenta que pueden exigir requisitos muy específicos en cuanto a cómo se debe presentar la demanda y cuándo se puede iniciar la acción judicial. En general, el cargo de discriminación se debe presentar dentro de un período de tiempo bastante corto después de la conducta discriminatoria por parte del

### Es la ley

*Se debe presentar un reclamo por discriminación en el organismo administrativo correspondiente antes de iniciar un juicio.*

empleador. Debe presentar esa demanda en el organismo administrativo correspondiente para que éste realice la investigación. Luego, debe esperar la resolución a nivel administrativo o debe esperar que pase un período de tiempo determinado para poder realmente iniciar juicio contra el empleador. Todos esos requisitos son muy específicos y están dictaminados por la ley bajo la cual usted está demandando.

## Leyes locales y estatales

Se pueden solicitar requisitos similares con respecto a las demandas presentadas bajo disposiciones estatales u ordenanzas locales. El marco general de estas leyes es requerir que el empleado presente la demanda rápidamente a fin de notificar al empleador de dicha demanda y, así, brindarle la oportunidad de investigarla. Asimismo, el organismo estatal o federal pertinente puede investigar la demanda. Si la investigación no resuelve la cuestión, el empleado finalmente adquirirá el derecho de iniciar una acción civil contra el empleador.

# Empleo a voluntad

En muchos estados, ante la ausencia de un contrato de trabajo explícito, un empleado se considera un *empleado a voluntad.* Un empleado a voluntad puede dejar el trabajo cuando lo desee; al mismo tiempo, el empleador puede despedir al empleado cuando lo desee. Cuando el empleado se considera un empleado a voluntad, la única restricción impuesta al empleador es que no puede despedir al empleado por una razón discriminatoria en violación de las leyes locales, estatales o federales que puedan aplicarse. Tampoco puede despedir al empleado por una razón que viole lo que se conoce como *política pública.*

Por ejemplo, un empleado descubre que el empleador está estafando al gobierno federal con el cual tiene un contrato. El empleado se queja de ello y, en consecuencia, es despedido. Si bien la relación laboral en ese contexto puede haber sido *a voluntad,* el empleado aún cuenta con un argumento para demandar al empleador por despido injustificado.

## Horas extra y salario mínimo

La remuneración por horas extra está regida por la *Ley de Normas Laborales Justas* (29 USC, sección 201) 201, *et seq.* Por lo general, los *empleados no exentos* tienen derecho a remuneración por horas extra si trabajan más de cuarenta horas en una semana laboral de siete días. Si su semana laboral es de lunes a viernes, se presenta al trabajo a las 8.30 a.m., tiene treinta minutos para almorzar sin obligaciones durante la hora de almuerzo y se retira del trabajo a las 5.00 p.m. cinco días a la semana, usted trabaja cuarenta horas semanales. Si usted trabajara más horas durante una semana laboral de 7 días, tendría derecho a la remuneración por horas extra. Muchos empleadores exigen que sus empleados se presenten a trabajar a las 9.00 a.m., les otorgan treinta minutos o más para almorzar y éstos se retiran a las 5.00 p.m. Una semana laboral así es, en realidad, de 37½ horas y media. No se exigirá el pago de horas extra hasta que se alcance las cuarenta horas de trabajo.

A las personas que acaban de ingresar en la fuerza laboral se les pueden ofrecer puestos con *salarios mínimos*. El salario mínimo federal es de US$ 5,15. Es decir que los empleadores deben pagar por ley esa suma por hora para la mayoría de los cargos. Existen algunas excepciones. Su estado puede imponer una suma de salario mínimo más alta.

## Desempleo

Las leyes de seguro de desempleo constituyen un aspecto del derecho laboral. El *seguro de desempleo* es un sistema federal y estatal de fondos para proveer una compensación a los desempleados durante un período de tiempo.

Si a usted lo despiden de su trabajo, puede tener derecho a un seguro de desempleo durante un período determinado. Esos subsidios no son eternos. Se espera que usted, a la larga, encuentre un nuevo trabajo. Por eso, los subsidios tienen una fecha de vencimiento.

Su derecho a los seguros de desempleo puede diferir según el estado. Sin embargo, en general usted suele tener derecho a un seguro de desempleo, a menos que haya dejado el empleo por voluntad propia o que haya sido despedido por mala conducta. Comúnmente, la mala conducta debe ser bastante grave para que su solicitud de seguro sea rechazada.

## Indemnización y despido

Cuando un empleador despide a un empleado, en algunos casos, el empleado puede recibir una indemnización por despido. Por lo general, no existe un derecho legal o escrito a la indemnización por despido. El empleador puede ofrecer un *paquete de indemnización por despido* a fin de obtener la cooperación del empleado y también como forma de conseguir o proporcionar una contraprestación por la condonación de cualquier tipo de demanda que el empleado pueda presentar contra el empleador.

En los casos de despidos masivos, el empleador debe tener en cuenta las leyes locales, estatales y federales contra la discriminación en cuanto a cómo se elegirán los empleados que serán despedidos. Es decir, si todos los empleados despedidos son personas de más de 50 años, pueden plantearse problemas con la *Ley de Discriminación Laboral por Edad*. Si todos los empleados despedidos son mujeres, pueden surgir problemas con las leyes federales de *derechos civiles*.

# Capítulo diecinueve

# Indemnización por accidentes de trabajo

*La indemnización por accidentes de trabajo* es una forma de cobertura de seguro diseñada para proteger al trabajador en caso de lesión. En una demanda por accidente de trabajo, las partes involucradas son el trabajador lesionado, su empleador y la aseguradora de riesgos del trabajo. Antes de que se aprobaran las leyes de indemnización por accidente de trabajo, un trabajador que se lesionaba en el trabajo se veía obligado a iniciar juicio contra el empleador y esperar posiblemente meses o incluso años para obtener algún tipo de indemnización por la lesión.

En consecuencia, el trabajador y su familia a veces no tenían ningún ingreso durante un período de tiempo prolongado ya que el trabajador estaba lesionado e imposibilitado para trabajar. Además, el trabajador usualmente no podía pagar el tratamiento médico. Si el trabajador finalmente recibía el resarcimiento por parte del empleador en una acción civil, la indemnización por daños y perjuicios por lo general llevaba mucho tiempo y, para ese entonces, el empleado era indigente y se encontraba incapacitado en forma permanente por no haber recibido el tratamiento médico adecuado.

Por ende, muchos estados comenzaron a aprobar leyes de indemnización por accidentes de trabajo que proporcionaban algún tipo de acuerdo. Conforme a estas leyes, el trabajador no tenía que probar culpa por parte del empleador cuando se lesionó, sino simplemente que se encontraba en el trabajo y que la lesión resultó de su trabajo. Si probaba esas dos cosas, el trabajador tenía derecho a recibir parte de su salario durante el período de incapacidad y, además, tenía derecho a un tratamiento médico adecuado para la lesión.

A cambio, el empleador era eximido de una acción civil por la lesión iniciada por el empleado. Es decir, el empleado no podía iniciar una acción civil contra el empleador. La única reparación judicial para el empleado es la indemnización por accidente de trabajo.

## Es la ley

*En la mayoría de los estados, la única reparación judicial para un empleado son los subsidios de indemnización por accidente de trabajo.*

Cada estado cuenta con su propia ley de indemnización por accidentes de trabajo; ésta puede variar notablemente de un estado a otro. Sin embargo, el concepto general del sistema de indemnización por accidentes de trabajo a nivel nacional es como se indicó anteriormente.

Además, existen leyes de indemnización por accidentes de trabajo que funcionan a nivel federal. Las personas empleadas por el gobierno federal están cubiertas por la *Ley Federal de Indemnización a los Empleados.* Se trata de una ley de indemnización por accidentes de trabajo administrada por el Departamento de Trabajo de los Estados Unidos. También existe otra ley federal que se conoce como la *Ley de Trabajadores Portuarios y Estibadores,* que técnicamente cubre a los estibadores y trabajadores portuarios pero también incluye a los empleados privados, no federales que trabajan en instalaciones de defensa. Asimismo, cubre a los empleados de empresas privadas que trabajan en el extranjero amparados por la *Ley de Sede de Defensa*—un tipo de ley de indemnización por accidentes de trabajo que incorpora la *Ley de Trabajadores Portuarios y Estibadores.*

## Demandas

Las leyes de indemnización por accidentes de trabajo de todo el país son manejadas por los organismos administrativos de la jurisdicción correspondiente. Si un empleado se lesiona en el trabajo, debe informar esa lesión a su empleador dentro de un plazo determinado y presentar un informe escrito de la lesión. Si el empleado se ve obligado a ausentarse del trabajo o necesita un tratamiento médico, puede presentar un reclamo ante el organismo administrativo que se ocupa de las indemnizaciones por accidentes de trabajo en la jurisdicción pertinente. Una vez que se presenta la demanda, el empleador puede refutarla o aceptarla.

Si el empleador la acepta, quiere decir que el empleador admite que el empleado se lesionó en el trabajo, que la lesión fue a causa del trabajo y que el empleado tiene derecho a una cobertura médica y tal vez a un subsidio salarial por el tiempo de incapacidad. Si el empleador decide refutar la demanda, se celebrará una audiencia ante un juez de derecho administrativo o funcionario de audiencias administrativas, quien decidirá si la demanda es indemnizable y si el empleado debería recibir un subsidio salarial y/o médico.

Durante años, ha habido mucha controversia respecto de qué constituye exactamente ser un empleado. Por lo general, un *contratista independiente* no califica como empleado conforme a la ley de indemnización por accidentes de trabajo. El dueño de una empresa tampoco califica como empleado, a menos que haya elegido expresamente incluirse dentro de esa definición en la póliza de seguro.

## Subsidios

Los subsidios salariales se calculan sobre la base del *salario semanal promedio*—se suman los salarios de un empleado durante un período de tiempo determinado y luego se saca el promedio. Una vez que se calculó ese promedio, el empleado generalmente tiene derecho a dos tercios de ese salario semanal promedio (hasta una cifra máxima establecida por ley).

El segundo tipo de subsidio que se puede recibir en virtud de la indemnización por accidentes de trabajo es la cobertura médica. Si un empleado se lesiona en el trabajo, tiene derecho al tratamiento médico y hospitalario necesario y razonable con respecto a la lesión para que se recupere y pueda retomar su trabajo. Si el empleado no puede retomar su trabajo anterior, probablemente tenga derecho a obtener servicios de rehabilitación que le permitirán regresar a otro tipo de empleo o capacitarse en otro rubro.

Por último, otro tipo de indemnización a la que puede tener derecho un empleado como consecuencia de una lesión en el trabajo es la indemnización por incapacidad permanente. La mayoría de las leyes de indemnización por accidentes de trabajo han desarrollado un esquema en el cual incapacidades específicas valen determinada cantidad de semanas de salario. Por ejemplo, una persona que pierde un pie puede tener derecho a ciento cincuenta semanas de salario además de otros subsidios que pueda recibir. Una persona que pierde un ojo en el trabajo puede tener derecho a una suma equivalente de indemnización. Esas formas de indemnización son distintas de los subsidios por lucro cesante y los gastos médicos que se han pagado.

## Subsidios por fallecimiento

En caso de que se produzca el fallecimiento de un empleado en el trabajo, la familia de ese empleado tiene derecho a subsidios por fallecimiento. Esos subsidios son subsidios salariales que, al menos en parte, reemplazarán el lucro cesante debido al fallecimiento del empleado.

## Subsidios máximos

Se ha desatado mucha polémica respecto de hasta qué punto las leyes de indemnización por accidentes de trabajo deberían proporcionar subsidios a los empleados lesionados. Muchos estados establecen un *tope* en el monto de subsidios salariales que un empleado puede recibir. En algunas jurisdicciones, el empleado no puede recibir más de quinientas semanas en subsidios salariales, que equivalen a aproximadamente diez años de subsidios. Esto favorece al empleador ya que se establece una limitación a la responsabilidad del asegurador o empleador.

Sin embargo, redunda en perjuicio del empleado si el empleado tiene incapacidad permanente y no puede reincorporarse a ningún tipo de trabajo. Si el empleado efectivamente se encuentra incapacitado en forma permanente y total, puede prorrogar los subsidios conforme a la ley estatal. No obstante, probar que el trabajador tiene incapacidad permanente y total no es tarea fácil. En realidad, en muchos estados, los empleados se ven envueltos en una situación en la que no pueden incorporarse a su trabajo anterior y, pese a ello, se les termina el subsidio salarial una vez finalizado el plazo de tolerancia.

## Tratamiento médico

También hay bastante controversia respecto de la prestación de tratamiento médico a trabajadores lesionados. Por lo general, el tratamiento médico es controlado por el empleador o la aseguradora de riesgos del trabajo. Esto significa que el empleado recibe tratamiento de los médicos elegidos por el empleador o la aseguradora. Sin duda, los médicos saben quién paga la cuenta y que tanto la aseguradora como el empleador esperan que el empleado se reincorpore al trabajo en algún momento de modo que la exposición económica de pagar los subsidios salariales sea limitada.

Si bien estos médicos suelen prestar una atención médica de calidad al empleado lesionado, poseen una lealtad un poco contradictoria. Saben que el empleador y la aseguradora quieren que el empleado se reintegre al trabajo, pero también saben que no necesariamente es siempre lo mejor para el empleado regresar al trabajo rápidamente o incluso reincorporarse a ese tipo de trabajo.

# Demandas contra terceros

Si un empleado se lesiona en el trabajo por culpa de un tercero, el empleado puede tener fundamentos para presentar una demanda (que suele denominarse *demanda contra terceros*) contra esa otra persona o compañía. Por ejemplo, supongamos que usted trabaja en una obra de construcción y es empleado del contratista general. Si, mientras realiza sus tareas, a un empleado de un subcontratista de instalaciones sanitarias se le cae una cañería y le golpea la cabeza, usted puede tener derecho a los subsidios establecidos por ley. Además de ser indemnizado de acuerdo con la ley de indemnización por accidentes de trabajo, también puede tener fundamentos para demandar al subcontratista de instalaciones sanitarias a cuyo empleado se le cayó la cañería sobre usted. En algunos estados, en una obra de construcción como ésta, todos los contratistas pueden estar exentos de juicios por parte de cualquier otro empleado de esa obra. En otros estados, el empleado puede demandar a cualquier otro contratista responsable en la obra.

Si el empleado lesionado en esa circunstancia cobra dinero del tercero que le ocasionó la lesión, el empleador del trabajador lesionado (o más probablemente la aseguradora de riesgos) tiene derecho a recuperar parte o todo el dinero que se le pagó al trabajador conforme a la ley de indemnización por accidentes de trabajo. Este principio se conoce como *subrogación*. Literalmente, subrogación significa que una parte es subrogada o toma el lugar de otra parte y adquiere sus derechos.

Según la mayoría de las leyes sobre indemnización por accidentes de trabajo, una vez que el empleado solicita y recibe subsidios, en la medida en que el empleado tiene derecho al resarcimiento de un tercero, el empleador o la aseguradora adquiere el derecho al resarcimiento con relación a los subsidios salariales y de ingresos pagados al empleado. El propósito de la subrogación en esta instancia es disminuir el costo de la cobertura del seguro de indemnización por accidentes de trabajo y, además, evitar que el empleado reciba un doble resarcimiento de los subsidios salariales y médicos recibidos.

Si el empleado recibe indemnización conforme a la ley de indemnización por accidentes de trabajo y, además, es indemnizado por las mismas lesiones como consecuencia de una demanda civil contra terceros, eso constituye un *doble resarcimiento* para el empleado. Después de reembolsar el dinero recibido por subsidio médico y salarial de acuerdo con la ley de indemnización por accidentes de trabajo, el empleado tiene derecho a quedarse con el excedente por daños y perjuicios otorgado por un jurado o recibido a modo de conciliación.

# Capítulo veinte

# Seguros

Una póliza de seguro es un contrato. Las partes del contrato son la compañía de seguros y la persona asegurada. Además, puede haber un *beneficiario* o lo que se conoce como un *tercero beneficiario* de un contrato de seguro. En una póliza de seguro de vida, el beneficiario es la persona que recibe los subsidios por fallecimiento al momento del fallecimiento de la persona asegurada. En una póliza de seguro de un automóvil, el tercero beneficiario en virtud de una póliza de responsabilidad es la persona que se lesionó y que recibe indemnización de esa póliza de seguro de responsabilidad. El beneficiario o tercero beneficiario no es una parte mencionada en el contrato de seguro, sino que generalmente es la persona que va a obtener el beneficio de la póliza de seguro. Como tal, el beneficiario puede gozar de ciertos derechos conforme a la póliza.

Se pueden redactar diversos tipos de pólizas de seguros. Los tipos de póliza más comunes son los de responsabilidad, seguro de vida y seguro médico.

## Seguro del automóvil

El tipo de cobertura de seguro con el cual usted está probablemente más familiarizado es la cobertura de *seguro del automóvil*. Una póliza del automóvil puede comprender diferentes formas de cobertura. Dentro de una póliza, puede haber *cobertura de responsabilidad, cobertura por gastos médicos, cobertura de daños por choque* y también *cobertura por automovilista no asegurado* y *cobertura por automovilista con seguro insuficiente*. Cada uno de estos tipos de cobertura es muy diferente y tiene un objetivo diferente.

*La cobertura de responsabilidad* está diseñada para protegerlo a usted, el asegurado, en caso de que se vea envuelto en un choque en el cual otra persona resulta lesionada debido a su supuesta negligencia. Si una persona es lesionada y se sostiene que usted es el culpable, ésta puede presentar una demanda de responsabilidad contra usted por los gastos médicos, el lucro cesante, el daño físico y moral, la incapacidad resultante, la desfiguración, etc.

Su póliza de seguro de responsabilidad lo cubriría en esa ocasión proporcionándole un abogado para que lo defienda en esa demanda y lo *mantendría indemne* (lo rembolsaría) por cualquier sentencia pronunciada en su contra en ese caso hasta los límites de su póliza. Si el límite de su póliza es de cincuenta mil dólares, pero la sentencia pronunciada en su contra es por quinientos mil dólares, su compañía de seguros sólo está obligada a pagar cincuenta mil dólares. Usted deberá hacerse cargo de los cuatrocientos cincuenta mil dólares restantes.

Asimismo, dentro de una póliza de seguro de un automóvil, puede haber una *cobertura contra todo riesgo*. La cobertura contra todo riesgo es un tipo de *cobertura de primera parte* mediante la cual usted puede presentar un reclamo contra su propia póliza como consecuencia del daño a su vehículo. Si su vehículo se dañó en un accidente automovilístico y no desea o no puede presentar un reclamo contra la otra parte (o si fue su culpa), puede presentar un reclamo contra su propia póliza en virtud de su cobertura por accidentes automovilísticos. Su compañía de seguros le pagará la reparación del vehículo. En caso de que su vehículo sea *totalmente destrozado*, le pagará el *valor razonable de mercado* para ese vehículo. Si la culpa fue de otra persona, su compañía de seguros puede tener derecho a resarcimiento por parte del otro conductor.

La mayoría de las formas de cobertura por accidente automovilístico contienen una *franquicia deducible*. Esto significa que usted sólo sería indemnizado por su compañía de seguros por la suma de dinero que excedió la suma deducible.

La cobertura de seguro del automóvil también ofrece lo que se conoce como *cobertura por gastos médicos* o *cobertura por lesión física*. Se trata de un tipo de *cobertura de primera parte* mediante la cual usted puede presentar un reclamo contra su propia compañía de seguros por los gastos médicos incurridos como consecuencia de un choque. Si usted se lesiona en un accidente automovilístico al ir en su auto, puede presentar un reclamo contra su póliza por el pago de los gastos médicos en la medida en que éstos sean razonables y necesarios como consecuencia del choque. Si es pasajero del automóvil de otra persona, suponiendo que exista cobertura de gastos médicos para el vehículo en el que viaja, también puede presentar un reclamo por gastos médicos en virtud de esa póliza. Puede presentar un reclamo por gastos médicos en virtud de su póliza y también de la póliza del vehículo en el que usted viajaba.

Otra forma de cobertura bajo una póliza de seguro de automóvil típica es la *cobertura por automovilista no asegurado* y *cobertura por automovilista con insuficiente seguro.* Se trata de una forma de cobertura muy importante ya que lo protege en caso de que se vea envuelto en un accidente automovilístico cuyo culpable sea un automovilista no asegurado o con un seguro insuficiente.

**Ejemplo:** *Supongamos que a usted lo choca por atrás un vehículo que no está asegurado y usted se lesiona. Podría demandar al conductor del vehículo con el que lo chocaron, pero éste tal vez no cuente con activos para pagar cualquier sentencia pronunciada en su contra. En ese caso, se aplicaría su cobertura por automovilista no asegurado. En ese caso, su compañía de seguros podría involucrarse y defender al automovilista no asegurado o, por lo menos, tomar una posición contraria a la de usted, recusando su reclamo por subsidios por automovilista no asegurado.*

El mismo principio básico se aplicaría si ese vehículo tuviera un seguro insuficiente.

**Ejemplo:** *Supongamos que el vehículo que lo chocó por atrás tiene cobertura por veinticinco mil dólares pero sus gastos médicos como consecuencia del choque ascienden a cincuenta mil dólares. El automovilista que lo chocó estaría* *asegurado de forma deficiente. Si usted obtuvo una sentencia por gastos médicos, es probable que el automovilista no pueda abonarla. La póliza de seguro del automovilista se haría cargo de veinticinco mil dólares, pero su póliza tendría que cubrir lo que excediera ese monto en tanto usted tenga cobertura por automovilista con seguro insuficiente.*

La cobertura por automovilista no asegurado es una forma de cobertura muy amplia. Incluso si usted es un ciclista o peatón al que chocó un automovilista no asegurado (o un automovilista que choca y huye), puede presentar un reclamo y recibir resarcimiento en virtud de su propia cobertura por automovilista no asegurado.

## Es la ley

*Si a usted lo choca un automovilista que huye, puede presentar un reclamo en virtud de su propia cobertura por automovilista no asegurado.*

## Seguro de vida

Otra forma de seguro es la cobertura de *seguro de vida*. Una póliza de seguro de vida es simplemente un contrato entre usted— el asegurado—y la compañía de seguros, mediante el cual la compañía de seguros conviene pagar un determinado monto de subsidios al momento de su fallecimiento. En el supuesto que no hayan habido falsas declaraciones de su parte al solicitar este tipo de cobertura de seguro, sus supervivientes simplemente presentarían un reclamo ante la compañía de seguros después de su fallecimiento y el beneficiario designado recibiría los subsidios correspondientes.

Existen diferentes tipos de cobertura de seguro de vida. Hoy en día, la forma más común de cobertura de seguro de vida es el *seguro de vida a término*. Las pólizas de seguro de vida a término no tienen otro valor sino el valor asegurado nominal de la póliza e incluso así no tienen valor a menos que la persona asegurada fallezca durante el período de cobertura.

Otro tipo de cobertura de seguro de vida es la *cobertura durante toda la vida*. En realidad, se trata de un tipo de inversión en la cual el valor de la póliza puede incrementarse a lo largo de cierto período de tiempo a medida que usted paga primas. También puede pedir préstamos contra la póliza e incluso rescatarla por un monto fijo de dinero. La teoría que subyace la cobertura durante toda la vida es que usted no sólo está asegurando su vida, sino que también está haciendo una inversión que incrementa su valor a lo largo de un período de tiempo y que usted puede utilizar para pedir un préstamo contra ella o para convertirla en efectivo.

En la mayoría de las pólizas de seguro de vida, la solicitud del seguro está incluida como parte de la póliza. El motivo es que, por lo general, los pagos bajo pólizas de seguro de vida son bastante cuantiosos. Si hay falsas declaraciones hechas en la solicitud, éstas pueden constituir el fundamento para anular la póliza de seguro. Con frecuencia, esas falsas declaraciones no se descubren hasta después de que fallece la persona y se realiza una autopsia.

## Seguro de salud

Otro tipo de cobertura de seguro es el *seguro de salud*. Los contratos de seguro de salud suelen ser contratos de seguro colectivo mediante los cuales usted, como integrante de un grupo, paga una prima a la compañía de seguros y, a cambio, ésta se compromete a cubrir gastos médicos y hospitalarios hasta un límite determinado. La restricción general respecto del alcance de la cobertura en virtud de estas pólizas es que el tratamiento que usted recibe debe ser razonable y necesario y el costo del tratamiento debe ser coherente con los honorarios habituales y de rigor de otros profesionales en el área.

Por ejemplo, si usted decide hacerse una cirugía plástica que es meramente opcional, este tipo de tratamiento tal vez no está cubierto a menos que su póliza contenga una disposición o endoso especial que brinde la cobertura dado que el tratamiento no es necesario. Asimismo, si usted decide consultar al traumatólogo más caro en el área porque cree que es el mejor, los honorarios de ese especialista tal vez no estén cubiertos en su totalidad por su póliza. La póliza se rige por lo que es *habitual y de rigor* para esos tipos de servicios y no necesariamente por lo que el mejor profesional en esa área pueda cobrar.

## Seguro de vivienda

Otro tipo de cobertura de seguro es la cobertura de *seguro de vivienda*. Una póliza de seguro de vivienda generalmente incluye un endoso por incendio, que lo protegería en caso de que su casa y todo lo que ella contenga se incendie. Es importante que se asegure de que el valor declarado sea coherente con el costo de sustitución o el valor razonable de mercado de la casa al revisar este tipo de cobertura. Por ejemplo, si se encuentra en un área geográfica donde los valores de la propiedad están aumentando considerablemente, es importante que también aumente el monto cubierto en virtud de esta disposición de su póliza de seguro de vivienda para asegurarse de que le pagarán suficiente dinero en caso de que su casa se incendie. Al mismo tiempo, dentro de este tipo de póliza puede haber cobertura por daños ocasionados por el agua, robo y demandas de responsabilidad.

*La responsabilidad* puede surgir en el contexto del propietario de una vivienda cuando un invitado se encuentra en su casa y se lesiona debido a un defecto en su hogar. Por ejemplo, supongamos que hay un hoyo en su jardín cubierto por pasto crecido y un invitado suyo se cae en él y se quiebra un tobillo. Si usted sabía que ese hoyo existía y no lo informó, el invitado puede tener fundamento para presentar una demanda por responsabilidad alegando negligencia de su parte. Si un juez o un jurado concordaran al respecto, la póliza de seguro de responsabilidad tendría que mantenerlo indemne hasta los límites de la póliza. De acuerdo con este tipo de póliza de responsabilidad, la compañía de seguros también le proporcionaría un abogado para que lo defienda.

Bajo una póliza de seguro de vivienda, si existen bienes personales valiosos específicos que usted desea cubrir, normalmente deben ser cubiertos bajo una *sección de pérdidas previstas* de la póliza donde se identifican los artículos específicos. Se puede requerir la presentación de una tasación o fotografías de los objetos como parte de la póliza de seguro.

## Agentes de seguros

La mayoría de los seguros se venden a través de *agentes de seguros*. Los agentes de seguros suelen conocerse como *agentes dobles*. En otras palabras, son agentes de la compañía que asegura la póliza de seguro y, al mismo tiempo, agentes de las personas que solicitan la póliza de seguro. Decir que son agentes dobles significa que tienen determinadas obligaciones con cada parte—con la compañía de seguros y con el asegurado.

# Conclusión

Como se habrá dado cuenta al leer este libro, estoy *muy orgulloso* de ser abogado y *muy orgulloso* de cómo nuestro sistema jurídico busca proteger los derechos de todas las personas.

La profesión legal es la protectora de los desprotegidos, la defensora de causas impopulares y la vocera de los que no pueden hablar por sí mismos. Nuestra Constitución y nuestras leyes nos confieren determinados derechos. La profesión legal sirve para disuadir a los que, de otra manera, podrían pisotear esos derechos y proporciona un vehículo de resarcimiento para aquellos que han sido dañados por los actos negligentes o ilícitos de otros. Si los abogados no protegieran afanosamente los derechos de nuestros ciudadanos, ¿quién más lo haría?

Espero que este libro le brinde una mejor comprensión de nuestro sistema jurídico y se convierta en un práctico libro de consulta para usted y su familia por muchos años.

# Glosario

## A

**actus reus.** Concepto del derecho penal que comprende el acto delictivo en sí mismo.

**acuerdos post nupciales.** Contrato o acuerdo celebrado entre los cónyuges para resolver todas las controversias vinculadas con el matrimonio.

## C

**carga de la prueba.** Determina quién tiene la responsabilidad de ofrecer pruebas para demostrar su caso. En una acción civil, la carga de la prueba recae sobre el demandante, que es la parte que inicia la acción judicial. En una acción penal, la carga de la prueba recae sobre el gobierno, el cual tiene la obligación de demostrar la culpabilidad del imputado, más allá de toda duda razonable.

**causa desencadenante.** Concepto en el derecho de ilícitos civiles por el cual un acto negligente o intencional es considerado la causa inmediata de daños y perjuicios, a diferencia de la causa remota.

**competencia en razón de la materia.** La competencia que regula la capacidad de un tribunal de conocer o resolver asuntos en un área o aspecto jurídico determinado.

**contraprestación.** El quid pro quo o prestación que constituye la esencia de todo acuerdo o contrato.

**contrato.** Un acuerdo de hacer o de no hacer que implica el intercambio de cierta contraprestación.

**cosa juzgada.** Principio constitucional que prohíbe que una persona sea juzgada dos veces por el mismo delito.

**Negligencia.** Violación del deber de proceder con el debido cuidado que uno debía y podía observar, según las circunstancias particulares.

**Negligencia concurrente.** Concepto que se aplica en el derecho de ilícitos civiles mediante el cual la demanda presentada por el demandante puede desestimarse si éste es culpable de cualquier negligencia que ocasionó el daño.

# D

**Declaración de derechos.** Las primeras diez enmiendas de la Constitución de los Estados Unidos.

**delito grave.** Delito por el cual una persona puede ser encarcelada por más de un año.

**delito menor.** Delito por el cual una persona puede ser encarcelada por hasta un año.

**derecho administrativo.** Normas y reglamentaciones promulgadas por organismos administrativos federales, estatales o locales.

**derecho civil.** Área del derecho compuesta por el conjunto de leyes, decisiones judiciales, y normas que regulan todo aquello que no está comprendido en arena penal.

**derecho legislado.** Leyes creadas por órganos legislativos locales, federales o estatales.

**derecho penal.** Leyes promulgadas por cuerpos legislativos locales, estatales o federales que imponen sanciones penales para ciertas acciones. La sanción penal puede consistir en la privación de libertad o la imposición de una multa.

**derechos "*Miranda*".** Derechos aplicables en una investigación criminal que dictan que un potencial sospechoso debe ser informado de su derecho a permanecer en silencio y a solicitar un abogado.

**distribución equitativa.** La distribución de los bienes conyugales fruto de un juicio de divorcio.

**diversidad jurisdiccional.** Un elemento de la competencia en razón de la materia en los tribunales federales, que exige que haya diversidad de ciudadanía entre las partes contrarias del caso.

## E

**estándar de prueba.** El nivel de prueba requerido en una causa civil o penal. En una causa civil, el estándar de prueba es típicamente lo que se denomina preponderancia de la prueba. En una causa penal, el estándar de prueba es generalmente la prueba más allá de toda duda razonable.

**etapa de diligencias investigativas extrajudiciales.** Etapa del proceso penal en el que las partes del proceso pueden llevar a cabo una investigación a fin de esclarecer los hechos y las circunstancias relativas al caso de la contraparte.

## F

**interrogatorio.** La interrogación de un testigo efectuada por el abogado que lo cita como parte de su caso.

## G

**gravamen.** Un derecho real de garantía que una persona tiene sobre la propiedad de otra. El derecho real de garantía más común es una hipoteca o escritura de fideicomiso sobre un inmueble.

## I

**indemnización por accidentes de trabajo.** Sistema legal creado por la ley federal o estatal que otorga la indemnización por lucro cesante, gastos médicos y otros subsidios a personas que sufren lesiones en el trabajo.

**contrainterrogatorio.** La interrogación de un testigo llevada a cabo por el abogado de la contraparte.

## J

**acción legal por muerte dolosa.** Tipo de juicio por ilícito civil que se inicia cuando la parte lesionada falleció como consecuencia de la culpa del demandado.

**jurisdicción sobre la persona.** Ésta se refiere a si el tribunal tiene jurisdicción o no sobre los demandados en una acción civil.

**jurisprudencia.** Decisiones escritas emitidas por tribunales de primera o segunda instancia.

## L

**formalidad escrita.** Defensa que puede aplicarse en los litigios o disputas contractuales, mediante la cual se considera que determinados contratos no son exigibles a menos que se celebren por escrito.

# M

**medio de prueba.** El medio de prueba adopta la forma de pruebas. La prueba adopta la forma de declaraciones testimoniales, documentos y objetos que pueden probar la veracidad o falsedad de una controversia en la acción judicial.

*mens rea.* Concepto del derecho penal que comprende la intención delictiva por parte del acusado.

# N

**norma de exclusión.** Norma jurídica en materia de pruebas que se aplica en juicios penales mediante la cual la prueba puede ser excluida si las autoridades encargadas de aplicar la ley la obtuvieron indebidamente.

# O

**objeto peligroso.** Principio jurídico que se aplica en el derecho de ilícitos civiles mediante el cual ciertos objetos pueden considerarse un objeto peligroso pero tentador para un niño y, por ende, crean una responsabilidad al propietario o administrador del objeto.

# P

**patrón de cuidado.** Principio jurídico que se aplica en causas por negligencia y determina si la conducta del demandado está o no conforme al estándar aplicable al profesional razonablemente prudente de esa profesión.

**principio de prueba.** Principio jurídico que rige la justificación para arrestar a una persona o emitir una orden de allanamiento

o arresto. El principio de prueba se refiere a que es razonablemente probable que la persona haya cometido un delito o que la
prueba del delito se encuentre en la propiedad.

**privilegio.** Protección jurídica que puede aplicarse a ciertas relaciones, por ejemplo, la relación abogado/cliente o doctor/paciente.

**prueba.** La prueba puede adoptar muchas formas diferentes,
pero, por lo general, adopta la forma de una declaración testimo-
nial, documentos y otros elementos probatorios.

**prueba oral.** Norma jurídica en materia de pruebas que se
aplica a los litigios vinculados con contratos, por la cual se puede
excluir la admisión de determinada prueba a menos que forme
parte del contrato escrito.

## Q

**quiebra.** La presentación de una solicitud ante un Tribunal de
Quiebras de los Estados Unidos en la que se sostiene que los
pasivos del deudor exceden sus activos.

## R

**relevancia.** Se considera que algo es relevante si tiende a probar
o refutar una controversia en la acción judicial.

*res ipsa loquitur.* Principio que se aplica en el derecho de ilícitos
civiles mediante el cual el jurado presume que el demandado es
negligente si ocurre un hecho que incluye un objeto que está bajo
el control exclusivo del demandado y, por lo general, no habría
dañado al demandante si no hubiera habido negligencia por
parte del demandado.

**resarcimiento bajo el sistema de common law.** El resarcimiento bajo el sistema de common law generalmente comprende
la adjudicación de indemnización por daños y perjuicios en

forma de una sentencia que ordena al demandado el pago de una suma de dinero.

**resarcimiento equitativo.** Una parte le solicita al tribunal que prohíba u ordene a la otra parte hacer algo.

**responsabilidad del fabricante.** Teoría del derecho de ilícitos civiles por la cual el fabricante o vendedor de un producto puede ser responsable por los daños que sean consecuencia del producto.

**responsabilidad strictu sensu.** Principio del derecho de ilícitos civiles mediante el cual un demandado puede ser considerado responsable a pesar de que no haya prueba de culpabilidad. Puede comprender una causa por explosión donde actividades explosivas ocasionan daño a un propietario contiguo.

**responsabilidad profesional.** Responsabilidad de un profesional frente al cliente o paciente.

**responsabilidad sobre la propiedad.** En el derecho de ilícitos civiles, la teoría de la responsabilidad por la cual el propietario o el administrador de una propiedad pueden ser responsables frente a las personas que se encuentren en la propiedad.

# T

**testamento.** Documento legal firmado por una persona en vida en el que indica la distribución de los bienes que le pertenecen luego de su fallecimiento.

**testimonio de oídas.** Declaración realizada fuera del tribunal que se ofrece por su valor probatorio y veracidad.

# V

***voir dire.*** La interrogación a potenciales miembros del jurado antes de un juicio para determinar si éstos son imparciales.

# El Autor

Brien A. Roche es un abogado que ejerce en Virginia, Maryland y Washington, D.C. Ha ejercido el derecho desde 1976. Se graduó de la Universidad de Georgetown en 1970 y de la Facultad de Derecho de la Universidad George Washington en 1976. Luego de sus estudios universitarios, sirvió en la Marina de los Estados Unidos y, a partir de entonces, se desempeñó como oficial de patrulla para el departamento de policía de Washington, D.C., conocido como el Departamento de Policía Metropolitana de Washington, D.C.

Desde 1976, se ha dedicado al ejercicio general del derecho en el área triestatal alrededor de Washington, D.C. Su práctica se orienta a los litigios que incorporan todas las facetas del derecho.

Es autor de dos textos jurídicos publicados por Lexis Publishing Company, la editorial jurídica más grande del país. Uno de esos textos es un libro titulado *The Virginia Tort Case Finder*, reconocido por los abogados y jueces de Virginia. Su segundo libro publicado por Lexis Law Publishing Company se titula *The Virginia Domestic Relations Case Finder*.

También ha escrito diversos artículos en publicaciones jurídicas y ha dictado numerosos seminarios de especialización sobre educación jurídica en el estado de Virginia.